ars vivendi

Veit Bronnenmeyer,
Martin und Reinhard Weirauch

Der Ausflugs-Verführer Bierfranken 2

Ein ars vivendi Freizeitführer

Bildnachweis: avv: S. 190; *Brauereigasthof Enzensteiner*: S. 146; *Brauereigasthof Drei Kronen*: S. 86; Veit Bronnenmeyer: S. 17, 23, 47, 69, 114, 131, 137, 171, 188, 199; *Gasthof & Metzgerei Schloß Oedenberg*: S. 160; Martin Weirauch: S. 40, 53, 61, 78, 84, 88, 95, 101, 125, 144, 183, 192; Reinhard Weirauch: S. 31, 37, 106, 119, 151, 158, 162, 177 (Foto von Germanplaces.com, Rechte bei Reinhard Weirauch); *Zum Alten Schloß*, Kleedorf: S. 166

Textnachweis: *Die Wunderheiler von Weißenohe* von Veit Bronnenmeyer (S. 108ff) aus: Kurt Neubauer (Hrsg.), *Das wütige Heer am Walberla. Sagen aus der Fränkischen Schweiz*, © 2009 Tümmel Verlag, Nürnberg.

Bei der Realisierung dieses Buches ließen wir größtmögliche Sorgfalt walten. Falls dennoch Fakten falsch oder inzwischen überholt sein sollten, bedauern wir dies, können aber auf keinen Fall eine Haftung übernehmen.

Zweite Auflage November 2013
© 2011 by ars vivendi verlag GmbH & Co. KG, Cadolzburg
Alle Rechte vorbehalten
www.arsvivendi.com

Umschlagfotografie: Martin Weirauch (vorne), avv (hinten)
Satz: Christine Richert, www.typoholica.de
Karten: Ingenieurbüro Dieter Ohnmacht,
Frittlingen
Lektorat: Elmar Tannert
Druck: Westermann Druck GmbH, Zwickau
Printed in Germany

ISBN 978-3-86913-062-0

Inhalt

Vorwort	8
Übersichtskarte	10
1 *Wehrhaftes Weibsvolk und süffiger Sud* Stadtspaziergang durch Kronach	12
2 *Schlösser und Aufständische* Halbtagestour um Maroldsweisach in den Haßbergen	20
3 *Bunte Blüten im Schatten* Stadtspaziergang durch Kulmbach	26
4 *Gastliches Maintal* Gemütliche Wanderungen am Fuße des Staffelbergs	33
5 *Stilles Wasser* Kanutour auf der Itz	39
6 *Von Faltern und Felsen* Kurze, aber anspruchsvolle Tour auf den Spuren des stark bedrohten Apollofalters	44
7 *Schöne Ausblicke und tiefe Einblicke* Rundwanderung um Baunach und Reckendorf	50
Bierstraßen, Bierwege, Biersteige	56
8 *Waldwege und Flussidylle* Rundwanderung um Dörfleins und Baunach	58
9 *Ein wunderlieblicher Ort* Stadtspaziergang durch Bayreuth	63
10 *Aus Franken in die Welt* Radtour von Bamberg nach Buttenheim	75
11 *Vom Schlosshof zum Gasthof* Bequeme Radtour zum Schloss Seehof	81

12 *Zum Lachen auf den Keller*   87
    Radtour nach Roßdorf und Geisfeld

13 *Rekordverdächtiger Steigerwald*   92
    Genussrunde um Burgebrach

14 *Durch Laubwald zum Lagerbier*   98
    Rundwanderung um Mönchsambach

15 *Über die Höhen*   103
    Halbtagestour auf schönen Höhenwegen

    Die Wunderheiler von Weißenohe   108

16 *Ganz oben*   111
    Halbtagestour um Büchenbach bei Pegnitz

17 *Der Pretzfelder Bierfrieden*   116
    Abwechslungsreiche Wanderung um Pretzfeld

18 *Biere und Pflanzen der Heimat*   122
    Wanderung durchs Lillachtal nach Gräfenberg

19 *Ein Bierdeckel wird 60*   128
    Radtour von Erlangen nach Oberreichenbach und zurück

20 *Seitensprung oder wo wohnt Nicolas Cage?*   134
    Streckenwanderung von Vorra nach Etzelwang

21 *Glatzenstein und Enzenstein(er)*   141
    Wanderung über den Glatzenstein nach Enzenreuth

22 *Der romantischste Biergarten der Welt*   147
    Wunderschöne Wandertour um Sulzbach-Rosenberg

    Fränkische Brauereitradition – Tod und Wiedergeburt   153

23 *Hier bin ich Mensch, hier darf ich's sein*   155
    Gemütliche Rundwanderung nahe Nürnberg

24 *Trockenes Schäfchen, feuchte Kehle* — 161
Themenwanderung um Hersbruck

25 *Wehrkirchen, Wildwuchs und Wasserspeicher* — 167
Ausgedehnte Wanderung von Oberdachstetten
nach Obernzenn und zurück

26 *Nasser Spaß* — 174
Weite Runde über der Altmühl

27 *Genussreiche Geschichtsstunde* — 179
Stadtspaziergang durch Ellingen

28 *Dornröschen und der Ritter St. Georg* — 185
Mittlere Wanderung rund um Nennslingen

29 *Reise zu den Römern* — 191
Stadtspaziergang durch Weißenburg

30 *Südlich* — 196
Wanderung rund um Treuchtlingen mit Station am
Wettelsdorfer Keller

Die Autoren — 202

Register — 204

Die Brauereien, Brauereigasthöfe, -häuser und -keller — 211

Liebe Bierwanderer,

ja, es ist möglich, nach dem ersten Band des *Ausflugs-Verführers Bierfranken* noch einen zweiten draufzulegen. Motiviert dazu hat uns einerseits die große Zahl noch ungehobener Schätze auf Frankens Bierlandkarte. Andererseits gab der große Erfolg des ersten Bandes zu der Vermutung Anlass, dass auch unser geneigtes Publikum einer Fortsetzung nicht abgeneigt wäre. Daher haben wir ein weiteres Mal die Ränzlein geschnürt und die Wanderschuhe gebunden, um uns an die Vermessung der fränkischen Trinkkultur zu begeben.

Wie im ersten Band sind wir alle Touren persönlich abgelaufen bzw. abgefahren und haben so mancher fehlenden Markierung oder ungeplanten Abzweigung getrotzt, um Ihnen eine möglichst bequeme und sorglose Erkundung Bierfrankens zu ermöglichen. Nichtsdestoweniger sollte eine passende Wanderkarte immer im Rucksack sein. In den kommenden Monaten und Jahren wird noch so mancher Baum gefällt und unzählige Stöße Holz aufgeschichtet, was sich negativ auf die Qualität der Markierungen auswirken kann, die an zahlreichen Orten Frankens eh schon zu wünschen übrig lässt. Es bleibt also noch reichlich Abenteuer-Potenzial, nicht nur beim Wandern, Rad- oder Bootfahren – auch bei der anschließenden Verkostung des Gerstensaftes lassen sich die unterschiedlichsten Entdeckungen machen.

Während der erste Band sich eher zentripetal auf die Fränkische Schweiz fokussierte, haben wir uns nun zentrifugal mehr und mehr an die Ränder der Heimat begeben. Sei es im Frankenwald, den Haßbergen, dem Steigerwald oder dem Fränkischen Seenland – überall gibt es noch kleine, nahezu unbekannte Braustätten, die einen Besuch lohnen. Um diesen Besuch auch zu ermöglichen, haben wir auch diesmal Wert darauf gelegt, nur Brauereien aufzunehmen, die über eine eigene Gaststätte verfügen (bis auf wenige Ausnahmen). Dies erschien uns notwendig, um das Phänomen »Bierfranken« erlebbar zu machen. Finanzierbar ist die Sache allemal, denn zum Zeitpunkt der Erstausgabe trafen wir weitgehend stabile Bierpreise zwischen 1,50 und 2,40 Euro an, was aber schon einen großen Ausreißer nach oben bedeutet. Die Öffnungszeiten der Gasthöfe haben wir sorgfältig recherchiert, geben sie aber dennoch mit dem Hinweis »ohne Gewähr« an; denn sollten sie vom einen oder anderen Wirt bisweilen etwas flexibler gehandhabt werden, so haben wir darauf natürlich keinen Einfluss.

Wie im ersten Band steuern wir auch diesmal wieder einige Text-Exkurse zum Phänomen »Bier« bei und hoffen, dass die Lektüre eine informative und unterhaltende Ergänzung darstellt.

Wenn nun bei manchen Touren die Anfahrt aus dem Großraum Nürnberg etwas aufwendig erscheint, so möchten wir doch zum Ausprobieren raten. Oftmals ist der Weg auch nicht länger als in die Fränkische Schweiz, dafür gibt es womöglich bislang Ungesehenes, Ungeahntes, Ungespundetes und Ungetrunkenes. Dass sich die Ziele nicht immer mit öffentlichen Verkehrsmitteln erreichen lassen, liegt in der Natur der Sache und möge uns nachgesehen werden. Ein Autoatlas zur Wanderkarte kann indes manchmal gute Dienste leisten.

Wir wünschen Ihnen ebenso viel Freude beim Erwandern Bierfrankens, wie wir beim Verfassen dieses Büchleins hatten.

Die Autoren

1. Stadtspaziergang durch Kronach
2. Halbtagestour um Maroldsweisach in den Haßbergen
3. Stadtspaziergang durch Kulmbach
4. Gemütliche Wanderungen am Fuße des Staffelbergs
5. Kanutour auf der Itz
6. Kurze, aber anspruchsvolle Tour auf den Spuren des stark bedrohten Apollofalters
7. Rundwanderung um Baunach und Reckendorf
8. Rundwanderung um Dörfleins und Baunach
9. Stadtspaziergang durch Bayreuth
10. Radtour von Bamberg nach Buttenheim

11. Bequeme Radtour zum Schloss Seehof
12. Radtour nach Roßdorf und Geisfeld
13. Genussrunde um Burgebrach
14. Rundwanderung um Mönchsambach
15. Halbtagestour auf schönen Höhenwegen
16. Halbtagestour um Büchenbach bei Pegnitz
17. Abwechslungsreiche Wanderung um Pretzfeld
18. Wanderung durchs Lillachtal nach Gräfenberg
19. Radtour von Erlangen nach Oberreichenbach und zurück
20. Streckenwanderung von Vorra nach Etzelwang
21. Wanderung über den Glatzenstein nach Enzenreuth
22. Wunderschöne Wandertour um Sulzbach-Rosenberg
23. Gemütliche Rundwanderung nahe Nürnberg
24. Themenwanderung um Hersbruck
25. Ausgedehnte Wanderung von Oberdachstetten nach Obernzenn und zurück
26. Weite Runde über der Altmühl
27. Stadtspaziergang durch Ellingen
28. Mittlere Wanderung rund um Nennslingen
29. Stadtspaziergang durch Weißenburg
30. Wanderung rund um Treuchtlingen mit Station am Wettelsdorfer Keller

1 Wehrhaftes Weibsvolk und süffiger Sud

> **Tour:** Ein Spaziergang durch die zu Unrecht abseits liegende Lucas-Cranach-Stadt.
> **Länge:** Ca. 3 km.
> **Dauer:** Reine Gehzeit ca. 2 Stunden.
> **Familie:** Für Kinder womöglich etwas langwierig und -weilig.
> **Höhenunterschied:** Anstieg zur Festung Rosenberg.
> **Saison:** Ganzjährig machbar, besser aber von Frühjahr bis Herbst.
> **Variante:** Mit einem Stadtplan in der Tasche sind viele Varianten möglich.
> **Anfahrt:** *Kfz:* Über die A 73 bis Bad Staffelstein und dann über die B 173 nach Kronach. *ÖPNV:* Bahnverbindung z. B. ab Nürnberg mit Umsteigen in Lichtenfels.

Warum immer nur dran vorbei?

Wer schon mal im ICE von Nürnberg oder Erlangen nach Leipzig oder Berlin unterwegs war, hat sich womöglich gefragt, was das für eine malerische Burg ist, die man immer kurz vor der ehemaligen Zonengrenze passiert. Auf der Rückfahrt hat man dann vielleicht aufgepasst und festgestellt, dass es sich um das fränkische Städtchen Kronach handelt. Doch nicht nur wegen der einmalig erhaltenen Festung Rosenberg ist Kronach einen Besuch wert. Die Stadt ist vielmehr auch die Heimat des bedeutenden Renaissancemalers (und Zeitgenossen Dürers) Lucas Cranach d. Ä. und – last but not least – Sitz zweier Brauereien. Und so weit ist es ja auch nicht: In 70 Minuten ist man z. B. von Erlangen mit dem Zug oder in 90 Minuten von Nürnberg mit dem Pkw angereist.

Unsere Tour beginnt am Bahnhof. Wir verlassen die Station durch den Hauptausgang und überqueren erst den davorliegenden Platz und dann die Straße. Sodann gehen wir nach links und kurz danach bei einer Gabelung nach rechts in die Adolf-Kolping-Straße. Hier treffen wir alsbald auf den Fluss, der an dieser Stelle noch Haßlach heißt, sich aber etwas weiter mit der Kronach und der Rodach vereint. Rechter Hand passieren wir eine Stahlbrücke und halten auf Höhe der Hausnummer 7 kurz inne, um das erste Postkartenmotiv unseres Spaziergangs angemessen zu würdigen: Vom sogenannten »Malerwinkel« aus bietet sich ein schöner Blick über den Fluss auf die Stadt samt ihrer Dreiteilung. Unten liegt die Untere Stadt (außerhalb der Stadtmauer), darüber die Obere Stadt (innerhalb) und schließlich die Festung.

An dieser Stelle sei auch ein kurzer geschichtlicher Abriss erlaubt: Kronach ist über 1000 Jahre alt. Erstmals erwähnt wurde die »Urbs Crana« 1003, als sie von ihrem Besitzer, Hetzilo von Schweinfurt, auf der Flucht vor dem späteren Kaiser Heinrich II. abgebrannt wurde. Nachdem sich die adligen Herren wieder vertragen hatten, baute Hetzilo die Stadt wieder auf. 1122 schließlich kam sie mit den umgebenden Ländereien in den Besitz des Hochstifts Bamberg, wo sie bis 1803 auch bleiben sollte. In dieser Zeit trotzten die Kronacher bzw. Kronacherinnen und ihre Stadtmauer nicht nur marodierenden Hussiten und Kulmbacher Markgrafen, sondern auch mehrfach schwedischen Belagerungen im Dreißigjährigen Krieg, aber dazu später mehr.

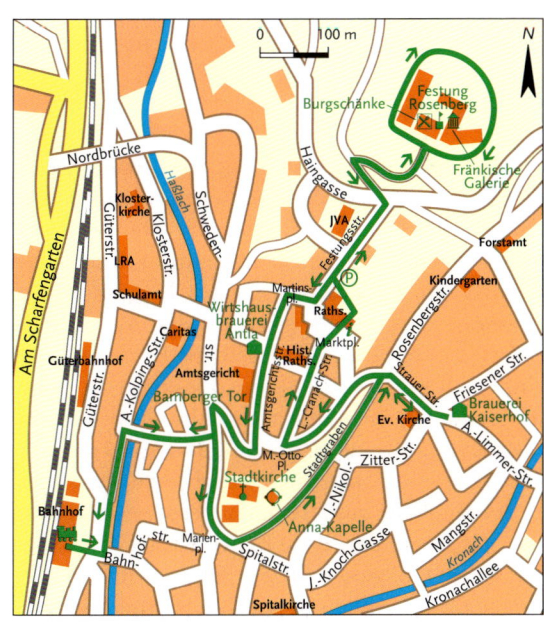

Wir gehen nun ein paar Meter zurück und überqueren die Brücke. Danach halten wir uns links und gehen auf der mit Kopfstein gepflasterten Straße auf die Stadtmauer zu. An der stärker befahrenen Schwedenstraße sehen wir uns dem Bamberger Tor gegenüber, welches das einzig erhaltene Stadttor darstellt. Ansonsten ist die Stadtbefestigung fast vollständig erhalten; mit Ausnahme der Tore sind nur auf der Nordseite, zur Festung hin, ein paar Meter abhandengekommen. Wir kehren zum Ende unseres Spaziergangs noch einmal hierher zurück; vorher gehen wir aber rechts die Schwedenstraße entlang und treffen alsbald auf den Marienplatz. Zu Füßen der Stadtkirche halten wir uns links und folgen dem Verlauf der Stadtmauer in einen Rad- und Fußweg hinein (Stadtgraben). Malerisch geht es ca. 300 Meter an der Befestigung entlang, bis wir auf die Strauer Straße treffen. Hier gehen wir zunächst rechts und treffen nach ca. 200 Metern auf die Friesener Straße. Abermals ein kleiner Schwenk nach links und wir sind bei der ersten Bierstation, der *Brauerei Kaiserhof*. Hier wird ein Strauß an verschiedenen Biersorten gebraut, darunter auch das halbdunkle »Schmäußbräu« oder der »Schwedentrunk«, der aber – Gott sei Dank – mit dem historischen Original nichts mehr gemein hat. Wer jetzt schon Hunger verspürt, ist hier ebenfalls gut aufgehoben, indes – die größten Brocken liegen noch vor uns.

Intra Muros

Wir gehen nun den Weg bis zum Stadtgraben zurück, bleiben dann aber auf der Straße und durchqueren das ehemalige Strauer Tor, das als Unterbrechung der Stadtmauer zu erkennen ist. Wir befinden uns nun innerhalb der Mauer in der Oberen Stadt. Es geht etwas bergauf und wir treffen am *Gasthaus Zum Scharfen Eck* auf den Melchior-Otto-Platz. Dieser wird durch einen historischen Brunnen (von ehemals drei sind noch zwei erhalten) und der Ehrensäule geprägt. Die Säule erinnert an die ruhmreiche Abwehr der Schweden im Dreißigjährigen Krieg, die den Bamberger Fürstbischof Melchior Otto 1651 veranlasste, der Stadt diverse Sonderprivilegien zuzugestehen. Dazu gehörte auch ein neues Stadtwappen, welches nun die Spitze der Säule bildet. Neben den Rosen und Kronen im Wappen sind die beiden Figuren links und rechts bemerkenswert: Sie stellen Kronacher Kämpfer dar, die während einer schwedischen Belagerung die Geschütze der Feinde unbrauchbar machen wollten, dabei jedoch erwischt wurden. Zur Strafe sollen die Schweden den Männern die Haut abgezogen und sie dann mitsamt der Haut wieder in die Stadt zurückgeschickt haben.

Wir gehen nun zwischen zwei neoklassizistischen ehemaligen Schulhäusern auf die Stadtkirche St. Johannis zu. Vorher sehen wir linker Hand die Anna-Kapelle über der Stadtmauer. Die kleine Kirche wird innen nur von einer mächtigen zentralen Säule getragen. Neben den Gottesdiensten diente sie zur Verteidigung (Schießscharten im unteren Geschoss) und auch als Beinhaus, als der ehemals die Stadtkirche umgebende Friedhof zu klein wurde. Wir umrunden die Stadtkirche und würdigen das gotische Nordportal. Die dort befindliche Figur Johannes' des Täufers steht im Verdacht, um 1500 von Lucas Cranach d. Ä. selbst erschaffen worden zu sein, weshalb sich nur noch eine Replik am Portal befindet; das Original hat man vor den Einflüssen der Witterung in die Fränkische Galerie auf der Festung in Sicherheit gebracht. Auch ein Blick ins Innere der Kirche kann nicht schaden, wobei sie für eine katholische Stadtkirche eher nüchtern gehalten ist und nur wenig historische Besonderheiten zu bieten hat.

Wir setzen den Weg über den Melchior-Otto-Platz zurück fort, passieren wieder das *Scharfe Eck* und folgen der Lucas-Cranach-Straße in Richtung Festung. Durch ansprechend restaurierte historische Gebäude hindurch erreichen wir kurz darauf den Marktplatz mit dem Rathausneubau aus den 70er-Jahren. Zwar wird hier das historische Ensemble durchbrochen, doch muss man zugeben, dass es andere Städte in dieser Zeit viel schlimmer mit moderner Architektur erwischt hat. Hier befindet sich übrigens auch die Tourist-Information, wo Stadtpläne und weiteres umfangreiches Material über die Stadt und ihre Sehenswürdigkeiten erhältlich sind. Da Kronach schon über 1000 Jahre alt ist, muss es früher andere Rathäuser gegeben haben. Diese befinden sich in unmittelbarer Nähe. Das ganz alte Rathaus aus dem 13. Jahrhundert sieht man linker Hand bergaufwärts. Der gotische Bau ist heute Teil der Feuerwache. Das Historische Rathaus (Lucas-Cranach-Straße 19) wurde 1583 erbaut und befindet sich etwas hangabwärts auf der gleichen Straßenseite. Bis in die 70er-Jahre diente das architekturhistorisch bedeutende Gebäude mit Festsaal und Markthalle noch der Stadtverwaltung, dann wurde der Neubau errichtet. Da wir das Historische Rathaus auf dem Rückweg nochmals passieren, wählen wir nun den Durchgang im modernen Rathaus, welcher uns an der Tourist-Information zu einer Treppe mit Durchgang in der Stadtmauer führt. Hier kann man auch nach rechts den Wehrgang entlang bis zum sogenannten »Hexenturm« gehen, wo in finsteren Zeiten der Hexerei Angeklagte eingekerkert wurden. Unser Weg aber führt über die Treppe zu einem Parkplatz (nun außerhalb der Stadtmauer). Wir gehen links und treffen auf den Stadtturm und die Festungsstraße. Der Stadtturm war ehedem der Arbeitsplatz des Türmers, der sowohl auf beginnende Brände wie auch jeden Abend auf die bevorstehende Schließung der Stadttore aufmerksam zu machen hatte. Wir halten uns rechts und beginnen den Aufstieg zur Festung. Vorher passieren wir eine andere Art von Festung – doch keine Angst, die kleine Justizvollzugsanstalt in Kronach beherbergt nur Kleinkriminelle und Untersuchungshäftlinge.

Die Zuflucht der Fürstbischöfe

Am Fuß der Festungsanlage stoßen wir auf ein Kriegerdenkmal; links davon nehmen wir eine kleine Treppe und folgen dann dem Fußweg u-förmig bis zum frühbarocken Festungstor, das 1662 von Antonio Petrini erbaut wurde. Wir befinden uns nun in der größten voll erhaltenen Festungsanlage Europas. Ein selbstverliehenes Prädikat, das den Kronachern aber noch niemand widerlegt hat. Die Gesamtanlage ist 23,6 Hektar groß und wird als »Festung Rosenberg« erstmals 1249 erwähnt. Die verschiedenen Bauphasen reichen vom mittelalterlichen Zentrum (erkennbar am hohen Bergfried) über die Mauern und Türme aus dem 15. und 16. Jahrhundert bis zu den äußeren Bastionen aus dem Spätbarock.

Da sowohl die Stadt als auch die Festung nie von Feinden eingenommen wurden, diente die Anlage den Fürstbischöfen von Bamberg als Zuflucht in unruhigen Zeiten. Deren Residenz in der Domstadt war nämlich nicht befestigt, und so sahen sich viele der hohen Herren über die Jahrhunderte etwa zwei Dutzend Mal veranlasst, sich selbst und natürlich ihren Domschatz hier in Sicherheit zu bringen.

Die Erkundung der Anlage sei nun jeder Reisegruppe selbst überlassen. Man kann eine Führung machen, die Fränkische

Trägt seinen Namen zu Recht: der Malerwinkel in Kronach.

Galerie besuchen – seit 1983 eine Außenstelle des Bayerischen Nationalmuseums mit Werken von Tilman Riemenschneider, Wolfgang Katzheimer d. Ä. und natürlich Lucas Cranach d. Ä. – oder sich in der Burgschänke mit Biergarten erholen.

Wir steigen dann von der Festung so ab, wie wir gekommen sind. Kurz vor dem Marktplatz sehen wir auf einer Wandmalerei das Häuserensemble, welches einst dem neuen Rathaus weichen musste, davor eine Darstellung vom heiligen Martin und dem Bettler, wobei der Künstler den beiden die Gesichter ehemaliger Kommunalpolitiker verpasst hat. Hier halten wir uns rechts und gehen über den Martinsplatz in die Amtsgerichtsstraße. Alsbald treffen wir nun auf die Rückseite des Historischen Rathauses, das einen Blick ins Innere wahrlich lohnt, und gegenüber auf die neu gegründete Wirtshausbrauerei *'s Antla*. Hier wird seit 2009 eine lange, aber schließlich unterbrochene Brautradition in der Oberen Stadt wiederbelebt. Es gehört ein Quäntchen Mut dazu, Investitionen dieser Art zu wagen (alleine die Brautechnik kostet ca. eine Viertelmillion Euro) – indes, die Sache hat sich gelohnt. Die zwei kupfernen Kessel sind in den Gastraum integriert und vermitteln ein gehoben-uriges Ambiente. Als Biersorten gibt es ein helles (»'s Antla eins«) und ein dunkles (»'s Antla flößer«) Bier. Beide Sorten sind zu empfehlen. Vor allem das Dunkle hat es mit seiner würzigen Süffigkeit dem Tester angetan. Zusätzlich gibt es jeden Monat eine zur Jahreszeit passende Sorte Spezialbier. Um eine solide Grundlage muss nicht gefürchtet werden, die Speisekarte enthält reichlich fränkische Gaumenfreuden. Besonderes Highlight sind Entenbraten, die dem Haus auch den Namen geben (Antla).

Nun können wir uns etwas gehen lassen, denn wir sind schon fast am Ende der Tour angelangt. Wir kehren nach dem Biergenuss zum Melchior-Otto-Platz zurück. Rechter Hand führt uns eine Gasse zum Bamberger Tor, das wir anfangs schon von der anderen Seite wahrnehmen konnten. Nachdem wir das Tor durchschritten haben und der Gasse bis zur Einmündung in die Schwedenstraße gefolgt sind, fällt ein modernes Brünnlein auf, das eine letzte Anekdote erzählt, bevor wir, auf gleichem Wege wie hinwärts, wieder zum Bahnhof zurückkommen:

Bei der letzten Belagerung im Jahr 1634 hatten es die Schweden nämlich fast geschafft: Nachdem sie in unmittelbarer Nähe des Tores eine Bresche in die Stadtmauer geschlagen hatten, waren die Kronacher Verteidiger kurz davor, aufzugeben und die Tore zu öffnen. Dass es nicht dazu kam und die Verteidigungsbilanz bis heute astrein ist, hat die Stadt allein den Frauen zu verdanken. Nur durch die Energie und Unbeugsamkeit des »schwachen Geschlechts« wurden die Männer dazu gebracht, die Stadt nicht aufzugeben, und konnten schließlich eine Erstürmung doch noch verhindern. Entsprechend gibt es in Kronach bis heute nach Fronleichnam eine »Schwedenprozession« durch die Festungsanlagen, bei der nicht die Männer, sondern die Frauen vorausgehen.

Das Bier:
Brauerei und Wirtshaus's Antla, Amtsgerichtsstraße 21, 96317 Kronach, Tel. 0 92 61/5 04 59-50, www.antla.de; Mo, Di 17.00–23.00, Mi–Sa 11.00–14.00 und 17.00–23.00, So 11.00–23.00. Helles und Dunkles vom Fass. Dazu ein Spezialbier pro Monat, z. B. »Antlator«-Bock im Februar, »Löschbier« im Juli oder »Schwärzla«-Rauchbier im Oktober. Gehobene Speisenauswahl, besondere Spezialität: Ente.
Kaiserhof-Bräu, Friesener Str. 1, 96317 Kronach, Tel. 0 92 61/ 62 80 0-0, www.kaiserhofbraeu.de; tägl. 10.00–14.00 und

17.00–24.00, Mo Ruhetag. Pils, Lagerbier, halbdunkles
»Schmäußbräu Traditionsbier« und »Schwedentrunk«,
Weißbier. Reichhaltiges Angebot an Speisen.

Veit Bronnenmeyer

Informationen:
Tourist-Information Kronach, Marktplatz 5, 96317
  Kronach, Tel. 0 92 61/9 72 36, www.kronach.de.
Extras:
Führungen Festung Rosenberg, März–Okt Di–So 11.00,
  12.30, 14.00, 16.00 und nach Vereinbarung, Nov–
  Feb Di–So 11.00 und 14.00 sowie nach Vereinbarung
Fränkische Galerie, Tel. 0 92 61/6 04 10, März–Okt
  Di–So 9.30–17.30.
Karte:
Eigentlich nicht notwendig, kostenlose Stadtpläne gibt
  es in der Tourist-Information im Rathaus.

2 Schlösser und Aufständische

> **Tour:** Bequeme Wanderung in geschichtsträchtiger Gegend.
> **Länge:** Ca. 11 km.
> **Dauer:** Reine Gehzeit ca. 3 Stunden.
> **Familie:** Meist gut gangbare Wege, für Kinder ist aber evtl. der Zeilberg interessanter (siehe Extras).
> **Höhenunterschied:** Kaum.
> **Markierungen:** Blaues Andreaskreuz, lokale Markierungen und Radwege.
> **Saison:** Von Frühjahr bis Herbst.
> **Anfahrt:** *Kfz:* Über die A73 nach Bamberg, dann bis Breitengüßbach Mitte. Von dort auf der B 279 bis Maroldsweisach.

Weit, weit weg ...

...denkt man, wenn man sich, ausgehend vom Großraum Nürnberg, die Anfahrtsbeschreibung betrachtet. Aber unterm Strich sind es nur gut 100 Kilometer, und nach einer Stunde ist man auch schon da. Wir starten direkt bei der evangelischen Pfarrkirche, vis-à-vis vom *Brauereigasthof Zum Grünen Baum*. Mit der barocken Kirche zur Rechten begeben wir uns zurück auf die Hauptstraße und gehen dort nach links. Kurz darauf biegen wir rechts in die Vorstadtstraße ein, das blaue Andreaskreuz ist bereits zu sehen. Alsbald zweigt rechts der Birkenfelder Weg samt unserer Markierung ab. Wir gehen etwa 500 Meter durch ein Wohn-Gewerbe-Mischgebiet. An dessen Ende wird die Teerstraße zu einem asphaltierten Feldweg, neben dem Andreaskreuz taucht nun auch die lokale Markierung »Schmetterling« auf. Weitere 500 Meter gehen wir an vereinzelten Obstbäumen vorbei, kreuzen dann einen anderen Wirtschaftsweg und gelangen kurz darauf in den Wald hinein. Hier geht es etwa einen Dreiviertelkilometer leicht bergauf, bis wir einen anderen Forstweg kreuzen. Wir gehen geradeaus, immer dem blauen Andreaskreuz nach. Gut einen Kilometer laufen wir maßvoll bergab. Schließlich kommen wir rechts an einer Raststelle mit Tisch und Bänken vorbei, etwas weiter links liegt ein Fischweiher. Der Weg macht nun eine deutliche Linksbiegung; rechts geht es zum 100 Meter entfernten Gesundheitsbrunnen, dessen Sehenswürdigkeit und Heilkraft aber noch zu beweisen wäre. Dafür erreichen wir kurz darauf die Rückseite des Schlosses Birkenfeld. Wir kommen an eine schmale Teerstraße und gehen zweimal rechts um die ausgedehnte Schlossanlage herum. Das Schloss wurde 1738 vom markgräflichen Kammerherrn Johann Philipp Friedrich von Hutten erbaut. Das dreigeschossige Rokokogebäude beherbergt etliche Sehenswürdigkeiten, darunter auch ein »Chinesisches Zimmer«, ist aber leider nicht zu besichtigen. Am Zustand der umliegenden Wirtschaftsgebäude, Gärten und Stallungen ist auch noch deutlicher Sanierungsbedarf zu sehen, denen der gegenwärtige Schlossbesitzer aber nachkommen will.

Vom Schloss zur Ruine – Aufstand gestern

Wir befinden uns nun auf der Hauptstraße von Birkenfeld. Auf der Höhe der Kirche geht gegenüber des Schlosses eine Treppe bergauf. Wir folgen den Stufen und erkennen kurz darauf unsere blaue Markierung wieder. Beim *Gasthof Zum Stern*

treffen wir auf eine weitere Straße, müssen kurz rechts und gleich darauf wieder links abbiegen. Einen guten Kilometer wandern wir erst bergan, dann bergab an der kaum befahrenen Ortsverbindungsstraße entlang und erreichen so die Ortschaft Dippach. Gleich bei der Kreuzung in der Dorfmitte sehen wir eine Schlossruine. Dem Hinweisschild nach soll es sich um ein spätgotisches Schloss gehandelt haben, das 1525 vom Bildhäuser Bauernhaufen zerstört wurde, einer der zahlreichen Kampfverbände, die sich in den Bauernkriegen in Süddeutschland gebildet hatten. Benannt ist er nach dem Kloster Bildhausen nördlich von Schweinfurt, wo sich die Aufständischen zusammengefunden hatten. Er zählte bis zu 7000 Mann und war die gefürchtetste aller damaligen Bauernarmeen.

Das Schloss soll ursprünglich den Grafen von Henneberg gehört haben. Heute sind nur noch die 25 mal 32 Meter großen Umfassungsmauern in Teilen erhalten. Andere Quellen sprechen davon, dass es Anfang des 18. Jahrhunderts, als es an die von Hutten zu Birkenfeld ging, noch in gutem Zustand gewesen sein soll. Heute dient die Ruine noch bisweilen als Veranstaltungsort, z. B. für Kindertheater.

Wir verlassen nun die blaue Markierung und gehen an der Dorfkreuzung der Straße Richtung Ermershausen nach. Etwa 500 Meter nach dem Ortsende weist uns die lokale Markierung »Frosch« nach links in einen Feldweg. Nach ca. 300 Metern macht der Weg eine Biegung nach rechts (Vorsicht: man könnte auch geradeaus gehen, keine Markierung zu sehen). Dann halten wir uns halbrechts, der Weg wird zum Wiesenweg und ist kaum noch erkennbar. Wir gehen auf eine Gruppe von Birken zu. Wenn der Pfad nach einigen hundert Metern wieder in einen von einzelnen Birken gesäumten Asphaltweg übergeht, liegen wir richtig. Wir passieren einige Sportanlagen und stoßen schließlich auf die Hauptstraße von Ermershausen, wo wir uns rechts halten und der Straße bis zum Rathaus folgen.

Besetzung und Barrikaden – Aufstand heute

Am Rathaus zeigt uns die Freiheitsglocke, warum Ermershausen in der jüngsten Vergangenheit überregional berühmt wurde. Dass es bei den hiesigen Franken schon früher eine gewisse revolutionäre Kultur gegeben hat, konnten wir in Dippach sehen. Dieses Erbgut hat sich anscheinend in Teilen bis in die

1738 erbaut, heute in Privatbesitz: Schloss Birkenfeld.

Neuzeit erhalten. 1978 jedenfalls wehrten sich die Bürger von Ermershausen gegen die bayerische Gemeindegebietsreform, die sie ihrer kommunalen Selbstständigkeit berauben wollte. Die Bürger verweigerten die Herausgabe von gemeindlichen Akten und Unterlagen, errichteten Barrikaden, besetzten das Rathaus und gossen Blei in die Schlüssellöcher. Schließlich wurde der Ort im Mai 1978 von mehreren Hundertschaften Bereitschaftspolizei gestürmt, das Rathaus geräumt und die Akten beschlagnahmt. Ermershausen wurde Maroldsweisach angegliedert, doch die Bürger blieben bockig. Sie boykottierten die Gemeindeverwaltung im Nachbarort und übernahmen schließlich durch einen Masseneintritt die örtliche CSU. Dies wirkte sich bei der nächsten Landratswahl aus, und so erhielt Ermershausen nach langem Kampf 1994 die Selbstständigkeit zurück.

Etwas weiter an der Hauptstraße entlang kann man sich im *Imbiss zum Fass* eine Bratwurst schmecken lassen, die an das nahe Thüringen erinnert. Der Imbiss- und Pensionswirt Hans-Joachim Albert betreibt im rückwärtigen Teil seines Hauses (Hauptstraße 17) auch ein kleines Heimatmuseum mit Werkzeugen, Beschlägen, Hufeisen und anderen ländlichen Devotionalien. Die Exponate können kostenfrei besichtigt werden. Imbiss und Museum sind täglich außer Montag geöffnet.

Die Tour führt uns schließlich an der Hauptstraße entlang aus dem Ort hinaus, auf einen Radweg und an der Straßenmeisterei vorbei. Der Radweg knickt halblinks ab und trifft auf eine schmale Ortsverbindungsstraße. Eben und bequem wandern wir gute zwei Kilometer an der Straße entlang und folgen dabei der Radwegmarkierung; zwischendurch gabelt sich die Straße einmal, hier halten wir uns links. Schließlich taucht vor uns die Ortschaft Allertshausen auf, der wir aber keinen Besuch mehr abstatten. Eine lokale Markierung sowie der Radweg gehen geradeaus weiter, wir hingegen nehmen die rechte Abzweigung, wo wir Maroldsweisach schon vor uns liegen sehen. Im Ort treffen wir auf die Ortseingangsstraße, gehen rechts und die nächstmögliche Straße wieder links. Die Kirche weist uns die letzten Meter zurück zu unserem Ausgangspunkt.

Am Bier kann es jedenfalls nicht gelegen haben, dass die Ermershausener nicht zu Maroldsweisach gehören wollten. Der Gerstensaft, den die Familie Hartleb in der weitgehend stilvoll renovierten Wirtschaft ausschenkt, ist sehr schmackhaft, mit einer herb-lieblichen Note und etwas höherem Alkoholgehalt (5,8 %). Der Jahresausstoß beträgt höchstens 1000 Hektoliter, und es gibt keine Flaschenabfüllanlage. Wer was mitnehmen will, muss ein Fass kaufen oder ein geeignetes Gefäß zum Abfüllen mitbringen. Dazu gibt es die fränkischen Speisestandards sowie Dosenwurst aus eigener Schlachtung.

Veit Bronnenmeyer

Das Bier:
Brauerei und Gaststätte Zum Grünen Baum, **Herrenstraße 9, 96126 Maroldsweisach, Tel. 0 95 32/2 40, tägl. ab 9.00 bis der Letzte geht, Mi Ruhetag. Eine Sorte helles, unfiltriertes Universalbier.**

Informationen:
Markt Maroldsweisach, Hauptstraße 24, 96126 Maroldsweisach, Tel. 0 95 32/92 22-0, www.maroldsweisach.de.
Tourist-Info Haßberge, Obere Sennigstraße 4, 97461 Hofheim, Tel. 0 95 23/92 29-0, www.naturpark-hassberge.de

Extras:
Der Zeilberg oberhalb von Maroldsweisach bietet einen Stein-Erlebnispfad. Über 3,7 km geht es für große und kleine Besucher um Steinbearbeitung, Sinneserfahrungen mit Steinen sowie Tiere und Pflanzen im Steinbruch.

Karte:
Naturpark Haßberge, Karte UK L 23 des Bayerischen Landesamtes für Vermessung und Geoinformation.

3 Bunte Blüten im Schatten

> **Tour:** Eine Stadt-, Burg- und Bierentdeckung.
> **Länge:** Ca. 3 km.
> **Dauer:** Ca. 1 Stunde ohne Plassenburg und Besichtigungen.
> **Familie:** Spannend für die ganze Familie.
> **Saison:** Ganzjährig.
> **Anfahrt:** *Kfz:* Über die A9 München-Berlin, Ausfahrt Bayreuth/Kulmbach oder die A70 Bamberg/Bayreuth, Ausfahrt Kulmbach/Neudrossenfeld. Weiter über die Bundesstraße B85 nach Kulmbach. *ÖPNV:* ICE-Anschluss in Lichtenfels, von dort in ca. 20 Minuten mit dem Regionalexpress nach Kulmbach.

Kulmbach, Plassenburg und eine besondere Brauerei entdecken

Die Stadt Kulmbach steht ein wenig im Schatten der großen fränkischen Tourismusmagneten Nürnberg, Bamberg und Bayreuth (saisonal). Dabei gibt es hier so viel zu entdecken. Ein Tagesausflug führt uns in eine bald 1000-jährige Stadtgeschichte.

Kulmbach gehört zu den bedeutendsten und interessantesten Residenzen der fränkischen Hohenzollern. Die typische Wechselwirkung einer Residenz wie der Plassenburg mit der umgebenden Stadt lässt sich hier sehr gut nachvollziehen. Die Zusammengehörigkeit bestand von Anfang an. Die Plassenburg diente lange dem Schutz der Siedlung »Kulma« zu ihren Füßen.

Die jeweiligen Burg- oder Markgrafen konzentrierten im Laufe der Zeit in unmittelbarer Nähe der Burg die notwendigen Einrichtungen zur Machtausübung: Beginnend mit einer Klostergründung über die Verlegung des Gerichts nach Kulmbach und das Recht zur Münzprägung bis hin zur Forst- und Zollverwaltung wurde die umgebende Stadt zunehmend Teil der Residenz, wurde zum Herrschaftszentrum und zur Verwaltungszentrale.

Bürger und Stadt profitierten vom höfischen Betrieb. Handel, Wirtschaft und Gewerbe versorgten den Hof mit Gütern. So verdoppelte sich zwischen 1400 und 1500 die Einwohnerzahl Kulmbachs.

Heute sind die administrativen Funktionalitäten natürlich längst verloren, das historische Ensemble aber ist erhalten und reizvoller denn je. In dieser geschichtlich unversehrten Umgebung gedeiht eine traditionelle Braustätte. So feiern in der *Kommunbräu Kulmbach* alte fränkische Brauereiwerte fröhliche Urständ.

Eine Stadtentdeckung

Es bietet sich an, den Stadtspaziergang an der Stadthalle mit dem Tourist-Service zu beginnen. Hier erhält man eine Stadtkarte und viele weitere Informationen.

Gegenüber der Stadthalle führt uns der Röthleinsberg nach wenigen Metern zum Weißen Turm, der im frühen 14. Jahrhundert zur Stadtbefestigung gehörte und Teil der Kulmbacher Stadtmauer war. Bis ins 19. Jahrhundert hinein wurde er als Schuldgefängnis genutzt. Zusammen mit dem benachbarten Wehrturm »Bürgerloch« – versteckt zwischen den Häusern – bildet der Weiße Turm eine Doppelturm-Toranlage mit Zwinger.

Durch dieses Tor führt der Weg das Rentamtsgäßchen bergan. Der Reiz einer fränkischen Stadt umgibt einen unmittelbar.

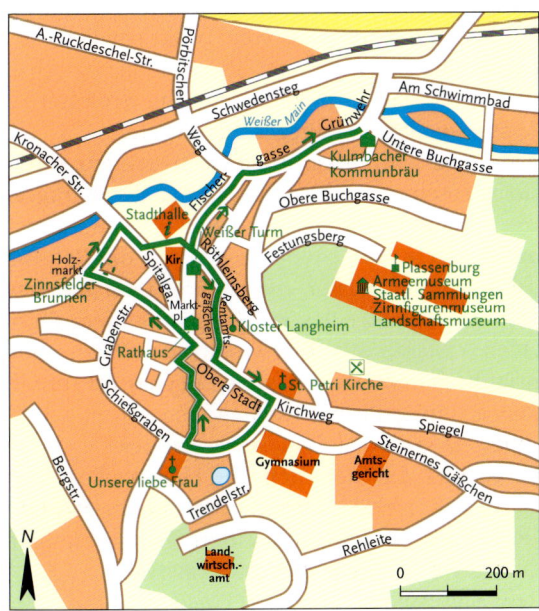

Linker Hand erreichen wir den Kulmbacher Mönchshof, der durch eine gleichnamige Biermarke lebendig geblieben ist. Korrekt heißt das barocke Gebäude des Bamberger Architekten Johann Leonhard Dientzenhofer »Langheimer Amtshof« und gehörte zum wohlhabenden Zisterzienserkloster Langheim. Im westlichen Teil des Klosters, dem sogenannten »Zehntstadel«, wurden die Naturalabgaben an das Kloster verwahrt. Das Kloster mit seinem Einfluss war bei Bürgern und Burgherr nicht uneingeschränkt beliebt. So wurde der Neubau systematisch behindert, und die Gänge, die vom Kloster aus in den Burgberg getrieben wurden, um Brauchwasser zu gewinnen, waren Anlass, Spionage zu wittern und die Stollen immer wieder zu »verdammen«, also aufzufüllen.

Lange konnte Kloster Langheim seinen Einfluss in Oberfranken aufrechterhalten; erst Napoleon säkularisierte 1802 das Hochstift Bamberg und damit das Kloster Langheim mit seiner Besitzung in Kulmbach.

Benachbart ist der fünfgeschossige Rote Turm, dessen oberstes Geschoss in Fachwerk ausgeführt ist. Auch er gehörte – wie der Weiße Turm – zur Stadtbefestigung und geht auf das 13. Jahrhundert zurück.

Das Rentamtsgäßchen führt nun hinab zur »Oberen Stadt«. So heißt die Straße, die vom Markt zur Petrikirche führt. Wir halten uns zunächst nach links. Renaissancehäuser aus dem 16. Jahrhundert und ein historischer Brunnen bestimmen das Aussehen dieses Stadtgebietes.

Ehe wir auf der barocken Freitreppe zur Petrikirche hinaufsteigen, sehen wir links der Treppe die Markgräfliche Kanzlei von 1561. Hier befand sich das Verwaltungszentrum Kulmbachs. Rechts der Treppe sehen wir die Befestigungsanlagen der Wehrkirche. Hier, zwischen St. Petri aus dem 12. Jahrhundert am Südhang des Burgbergs und dem Straßenmarkt der Oberen Stadt, befinden wir uns im ältesten Siedlungsgebiet Kulmbachs. Im Hussitenkrieg 1439 wurde die Kirche zerstört und als spätgotische Hallenkirche wieder aufgebaut. Bemerkenswert sind der Altar sowie zahlreiche wertvolle Gemälde. Sie ist auch die Grabkirche der Hohenzollern-Herrschaft.

Tipp: Werfen Sie einmal einen genaueren Blick auf die Kirchenuhren. Anstelle von Ziffern finden Sie hier Buchstaben, die die Worte »Wachet-Betet« ergeben.

Gegenüber liegt das Prinzessinnenhaus – ein schlichtes weißgelbes Barockgebäude mit einigem markgräflichen Klatsch- und Tratsch-Potenzial. Prinzessin Christiane Sophie Wilhelmine lehnte so manchen blaublütigen Bewerber ab, um stattdessen 1725 mit einem polnischen Kammerjunker Zwillinge zu zeugen. Das erzürnte Vater und Mutter so sehr, dass sie ihre einzige lebende Tochter in strengen Arrest auf die Plassenburg gaben. Erst zwei Jahre später erlangte sie wieder ihre Freiheit und erwarb das Palais. Ihre Initialen C.S.W.M.Z.B. und die Jahreszahl 1729 über dem Portal erinnern an den Umbau für die unglückliche Prinzessin. Unverheiratet verstarb sie in Kulmbach und wurde in der Gruft unter dem Altar von St. Petri begraben.

Durch die Arkaden und entlang des Schießgrabens – auch er Teil der Stadtbefestigung – erreichen wir rechter Hand den Renaissancebau Künßberg-Schlösslein. Vielleicht sogar noch spannender: Gegenüber liegt das Gymnasium, das Thomas Gottschalk besuchte.

Etwas weiter, an der Ecke Bauergasse, belegt die katholische Kirche »Unsere liebe Frau« , wie im 19. Jahrhundert mithilfe der Gotik versucht wurde, den katholischen Glauben wieder zu verankern. Hier liegt auch das Villenviertel »Am Rehberg« aus der Gründerzeit. Viele erfolgreiche Fabrikanten ließen sich zur Jahrhundertwende prächtige Villen mit Blick auf Stadt und Plassenburg errichten. Besonders auffällig ist die Villa mit Eckturm des Malzfabrikanten Heinrich Meußdoerffer, die sich an hochherrschaftliche Barockarchitektur anlehnt.

Nach rechts gehen wir durch die Bauergasse und das alte Handwerkerquartier Oberhacken mit vielen gut erhaltenen Fachwerkhäusern. Schließlich erreichen wir das lebendige Zentrum Kulmbachs, den Marktplatz rund um den klassizistischen Luitpoldbrunnen mit dem eleganten Rokokorathaus von 1752.

Von hier zweigt die Langgasse ab, die heutige Fußgängerzone. Häuser des 17. und 18. Jahrhunderts säumen sie, ehe sie am Holzmarkt endet. Hier steht der 1660 erbaute Zinnsfelder Brunnen, der die Marktfreiheit symbolisiert und der bis zum Nationalsozialismus auf dem Marktplatz stand.

Eine Burgentdeckung

Wer den Aufstieg zur Plassenburg scheut, findet direkt gegenüber der Stadthalle die Haltestelle für den »Plassenburg-Express«.

Die Plassenburg ist eine hochinteressante Mischung aus Festung und Schloss: von außen bedrohlich, abweisend und wehrhaft, innen ein repräsentatives Schmuckstück der Baukunst der Renaissance. Drei Baukomplexe kann man unterscheiden: Zunächst fallen die äußeren Befestigungen und Wehranlagen ins Auge. Über den Festungsberg erreichen wir den zweiten Komplex der Plassenburg mit den Bauten um den Kasernenhof. Der Kasernenhof (Niederburg) hatte die Funktion einer Vorburg, die die Hochburg sicherte. Insbesondere nach der Erfindung der Feuerwaffen ging vom östlich gelegenen Buchberg Bedrohung aus. Gegen Angriffe bildete die Niederburg die Hauptabwehrfront der Burg. Entsprechend finden sich hier monumentale Zweckbauten, die als Getreidespeicher, Zeughaus und als Kommandanten- und Offizierswohnungen dienten. Auffällig ist besonders der Christiansturm mit seinem Portal: In Form eines Triumphbogens verherrlicht das Tor Markgraf Christian.

Bergan entlang des Pfauengartens erreichen wir den Eingang zur Hochburg mit dem Schönen Hof, dem dritten Baukomplex. Der Arkadenhof ist an dekorativem Reichtum unübertroffen: Mit Putten und Fabelwesen durchsetztes Laubwerk, paarweise angeordnete Medaillons mit Brustbildern und eine Vielzahl an Wappen ergeben einen prachtvollen Gesamteindruck.

Im Schönen Hof befindet sich auch der Tiefe Brunnen. Das Eingangsportal der Kapelle erkennen wir an den Rundbogenfenstern, die sich von den Rechteckfenstern abheben und einen sakralen Raum anzeigen.

Einen weitergehenden Eindruck vermitteln die Führungen der staatlichen Sammlungen mit den Markgräflichen Zimmern und dem Armeemuseum Friedrich des Großen. Sehr zu empfehlen! Darüber hinaus beherbergt die Plassenburg noch das Deutsche Zinnfigurenmuseum mit ca. 300 000 Einzelfiguren – somit immerhin die weltgrößte Zinnfigurensammlung – und das Landschaftsmuseum Obermain, das viele kunst- und kulturhistorisch bedeutende Gegenstände des Obermaingebietes präsentiert.

Eine Bierentdeckung

Kulmbach kennt man. Kulmbach ist die »Hauptstadt des Bieres«. So sagt es einem die Werbung. Die Skyline von Kulmbach

Stammtischtraditionen in der *Kulmbacher Kommunbräu*.

ist tatsächlich geprägt von Brau- und Abfüllanlagen. Überregional bekannte Biere stammen von hier: Mönchshof, Kulmbacher, EKU ... und alle gehören sie zu einer Brauerei-Aktiengesellschaft, die wiederum mit Paulaner aus München und auch mit Heineken irgendwie verbandelt ist. Große Bierpolitik findet hier statt.

Im Schatten dieser Biergiganten gedeiht nach alter Tradition ein ganz besonderes Pflänzchen, das ganz ohne den Dünger von Aktionärsgeldern auskommt. Die *Kulmbacher Kommunbräu* ist etwas ganz anderem verpflichtet. Dort zählt nur die Tradition fränkischer Gastlichkeit. Das Glaubensbekenntnis dort lautet: »a gut's Essen, a gut's Bier und a weng mit die Leut waaf'n«.

Dass dies keine leeren Werbeversprechungen sind, kann man erleben, wenn vor dem Eingang der Wirt auf einer Bank selbstgesuchte Waldpilze putzt, die man später – mit etwas Vertrauen in sein Know-how – zu einem wunderbaren Semmelkloß genießen kann. Man kann es erleben, wenn man ein helles oder ein dunkles Bier bestellt oder die Bierspezialität des Monats: Im April gibt es ein rauchiges Bier, im Mai einen hellen Bock, im Juni ein helles Biergartenbier, im Juli das Kirchweihbier und so geht es fröhlich weiter durchs Jahr. Bemerkenswert ist, dass Biere und Küche eine ausgezeichnete Qualität haben.

Die *Kommunbräu* steht auch in der Tradition der sogenannten Kommunbrauhäuser, bei denen Bürger, die im Besitz eines Braurechts waren, ihr eigenes Bier brauen konnten. Die heutige Variante ist eine Genossenschaft, die auf einer breiten Basis steht, rund 400 Bürger haben Anteile gezeichnet.

Ein Tag voller Entdeckungen!

Reinhard Weirauch

Das Bier:
Kulmbacher Kommunbräu, Grünwehr 17, 95326 Kulmbach, Tel. 0 92 21/8 44 90, www.kommunbraeu.de, tägl. 10.00–24.00.

Informationen:
Tourismus- & Veranstaltungsservice der Stadt Kulmbach, Sutte 2, 95326 Kulmbach, Tel. 0 92 21/9 58 80, Mai–Okt Mo–Fr 9.00–18.00, Sa 10.00–13.00, Nov–Apr Mo–Fr 10.00–17.00.
Extra:
Abfahrt Plassenburg-Express: alle 30 Minuten, Apr–Okt 9.00–18.00, Nov–März 10.00–16.00
Staatliche Museen Plassenburg, Deutsches Zinnfigurenmuseum, Landschaftsmuseum Obermain, Apr–Okt Mo–So 9.00–18.00, Nov–März Mo–So 10.00–16.00.
Literatur:
Freunde der Plassenburg e.V.: *Rund um die Plassenburg*, Kulmbach 2003.
Karte:
Gute Stadtkarten sind beim Tourismus- & Veranstaltungsservice (zum Teil kostenlos) erhältlich.

Gastliches Maintal 4

> **Tour:** Von Ebensfeld über den Veitsberg nach Pferdsfeld, Unterneuses und zurück.
> **Länge:** Ca. 11 km.
> **Dauer:** Ca. 3 Stunden.
> **Familie:** Der Weg ist einfach zu laufen und sogar für robuste Kinderwagen geeignet.
> **Saison:** Ganzjährig.
> **Variante:** Über den Veitsberg und weiter mit der Nummer »7« bis Pferdsfeld.
> **Anfahrt:** *Kfz:* A73/Ausfahrt Ebensfeld. *ÖPNV:* Mit der Regionalbahn ab Bamberg oder Lichtenfels ist Ebensfeld mit einer Fahrtzeit von rund 20 Minuten sehr gut angebunden.

Auf bequemen Wegen zu drei originalen und originellen Brauereien

Das Obere Maintal ist seit jeher ein guter Platz zum Verweilen. Hügelgräber und Siedlungsstätten aus der Stein- und Bronzezeit dokumentieren, wie alt dieses Wissen ist. Ebensfeld im Oberen Maintal ist ein besonders adrettes Dorf mit Fachwerkhäusern, Dorfbrunnen und Brauerei. Und somit auch ein ausgezeichneter Start- und Zielpunkt für eine gemütliche, kurze Wanderung, in deren Verlauf wir zwei weitere Brauereien besuchen und über weitere Gründe für eine Ansiedlung nachdenken können.

Vom Bahnhof aus erreichen wir über die Kirchgasse den Pfarrhof und das schöne Wahrzeichen der Marktgemeinde, die Kirche »Maria Verkündigung« von 1696.

Wie sollte es anders sein: Direkt gegenüber treffen wir auch schon auf den *Brauereigasthof Zum Schwan*.

Zunächst aber wenden wir uns an der Hauptstraße nach links und überqueren den Kellbach. Direkt dahinter biegen wir nach rechts in die Prächtinger Straße ein. Wir verlassen den Ort und gehen ein Stück an der Straße entlang. Linker Hand sehen wir wunderschön den Staffelberg liegen, auch er ist schon seit Jahrtausenden besiedelt. Wenig später weist uns ein Wegweiser mit dem Rundweg 8 nach links.

Wir passieren eine Kapelle am Wegesrand. Der Weg knickt nach links ab, und wir sehen nun vor uns Kloster Banz liegen. Nach ca. 100 Metern weisen uns die Schilder nun nach rechts. Unser Weg nähert sich der Autobahn und unterquert sie wenig später. Direkt dahinter finden wir einen eigentlich recht romantischen Rastplatz mit dem Veitsbrunnen. Man muss sich nur den Verkehr wegdenken, dann ist es wirklich schön.

Der Weg steigt an, und wir erreichen einen Wanderparkplatz. An der Kreuzung halten wir uns mit der »8« in Richtung Naturfreundehaus geradeaus. Nun treten wir mit einem breiten und bequemen Weg in den Wald und steigen bergan.

Auf den Veitsberg

Nach einiger Zeit geht ein Weg mit der Nummer 7 und dem Hinweis »Veitsberg« nach rechts. Eigentlich heißt der Berg, den wir nun besteigen, Arnsberg, wird aber im Volksmund Veitsberg genannt.

Der heilige Veit zählt zu den 14 Nothelfern und wird als Patron gegen Krankheiten verehrt. Auf dem Gipfel erwartet uns eine Kapelle, die diesem Heiligen geweiht ist. Mit 460 Metern ist er niedriger als der nahe Staffelberg (539 Meter); auf eine hinreißende Aussicht, die bei gutem Wetter bis Bamberg reicht, darf man sich dennoch freuen.

Die St.-Veit-Kapelle ist vom ältesten geschlossenen Lindenkranz Europas gesäumt und eine wahre Einladung zum lauschigen Niedersetzen. Die Tür der Kapelle ist normalerweise verschlossen, durch ein kleines Loch kann man aber in das Innere sehen. 1717/19 wurde die Kapelle erbaut, und der prachtvolle Hochaltar aus dem Jahre 1726 zeigt, warum die Kapelle vor unliebsamem Besuch geschützt werden muss. Zu etwas Ruhm ist die Veitskapelle durch eine Verwechslung gekommen. Viktor von Scheffel dichtete das *Frankenlied* im Jahre 1859 mit den Zeilen: »Zum heil'gen Veit von Staffelstein, komm' ich empor gestiegen, und seh' die Lande um den Main, zu meinen Füßen liegen.« Nun, die Kapelle auf dem Staffelberg ist die Adelgundiskapelle. Die Veitskapelle liegt eben auf dem Veitsberg. Kann passieren und schmälert nicht die Wanderfreuden.

Nun haben wir die Wahl: Eine etwas längere Variante führt uns mit der »7« weiter über Sträublingshof und das Naturfreundehaus nach Pferdsfeld.

Oder wir kehren zurück und wählen den bequemen Weg »6«, der uns nun um den Veitsberg herumführt. Wir entscheiden uns für letzteren und wandern gut beschildert auf einem breiten Waldweg. Unser Weg geht dann in einer weiten Linkskurve bergab und tritt nach etwa drei Kilometern wieder aus dem schattigen Wald. Vor uns liegt – leider im Oberen Maintal fast unvermeidlich – die Autobahn A73. Kurz wenden wir uns nach rechts, dann führt der Weg wieder linkshaltend unter der Autobahn hindurch und hinein nach Pferdsfeld.

Keine Mätzchen

Familie Leicht betreibt das Brauhaus in Pferdsfeld bereits seit 1870. Und deshalb weiß man dort auch, worauf es ankommt. Man konzentriert sich auf die Kernkompetenzen eines Brauereigasthofs: ein wunderbares Landbier (eine Sorte!), reichliche Brotzeiten, ein lauschiger und schattiger Biergarten und am Wochenende feine Braten.

Das Bier gibt es nur vor Ort, für heimische Grillfeste werden aber 10-Liter-Fässchen verkauft.

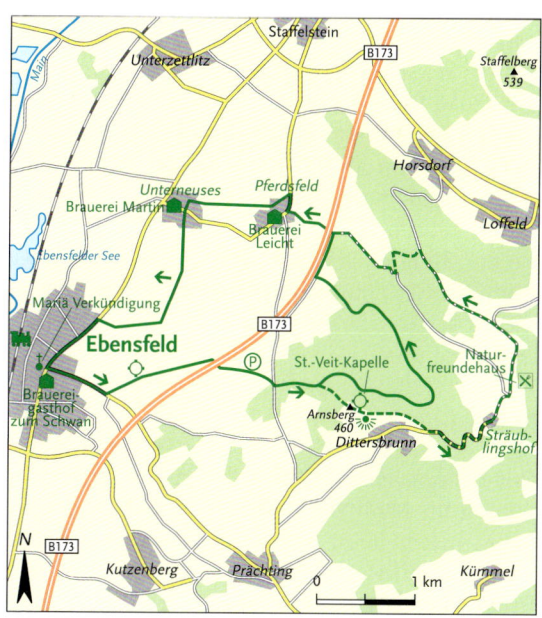

Die *Brauerei Leicht* ist mit 250 Hektoliter Jahresproduktion eine der kleinsten Brauereien überhaupt. Man kann sich sozusagen auf jeden einzelnen Liter individuell konzentrieren, und das schmeckt man.

»Leicht« beschwingt gehen wir nun ein Stück die Straße nach rechts Richtung Bad Staffelstein und ignorieren den Wegweiser Richtung Unterneuses. Denn kurz darauf führt uns die »6« nach links auf schönerem Weg dorthin. Hinter uns liegt der Staffelberg.

Fränkische Oase

Auch in Unterneuses treffen wir wieder auf einen würdigen Vertreter fränkischer Bierkultur.

So recht romantisch liegt der *Brauereigasthof Martin* nicht – direkt an der Verbindungsstraße zwischen Ebensfeld und Bad Staffelstein. Aber lassen Sie sich nicht täuschen. Hinter der Eingangstür befindet sich eine Oase fränkischer Gemütlichkeit. Auch hier werden jährlich nur einige Hektoliter gebraut, auch hier gibt es nur eine Sorte. Aber was für ein gutes bernsteinfarbenes Vollbier erwartet uns hier! Zusammen mit den Brotzeitplatten (eigene Schlachtung) und der ausgezeichneten gutbürgerlichen Küche mit saisonal Karpfen, Wild und allerlei Braten, der Herzlichkeit der Wirtsleute und der gemütlichen Gaststube fällt es schwer, wieder aufzubrechen.

Zum gesellschaftlichen Event ist der 23. Dezember in der *Brauerei Martin* geworden. Unter dem Motto »Kalta Füß und kalta Nasn« gibt es ein Biergartenfest mit Feuer, Grill und Punsch.

Wir kehren wieder einige Meter hinauf bis zur Kirche und bis zur Straße »Grasiger Weg«, die uns nach rechts auf freies Feld führt. In einer langgestreckten Rechtskurve erreichen wir wieder den Ortsrand von Ebensfeld und sehen bereits die Stadtkirche vor uns.

Bierbrunnen

Der *Schwanenbräu* in Ebensfeld rundet unsere Brauereienwanderung im Maintal ab. Vor der Brauerei steht ein »Bierbrunnen«. Dieser heißt nicht nur so, er ist tatsächlich funktionstüchtig und hat eine direkte Verbindung in die Brauerei. Bei Bedarf und guter Laune kann so der Brauer mal eben Bier aus

Brauhausromantik beim *Schwanenbräu*.

dem Brunnen sprudeln lassen. Einen Zweck hat diese Einrichtung nicht und wird dementsprechend auch nicht täglich eingesetzt, führt aber im Fall der Fälle zu einem großen Hallo bei den Biergartenbesuchern. Die Brauerei produziert viele Sorten: das obligatorische Landbier natürlich, den dunklen Urtrunk, ein Pils und ein Weißbier. Dazu braut der *Schwanenbräu* Saisonbiere und den sogenannten »Bobbie«, bei dem die Sorte ungeklärt bleibt. Die Küche ist für einen Brauereigasthof ausgesprochen gut. Sie wagt sich auch an Garnelen oder arbeitet kreativ: Die Braumeistersuppe und die Bierbrauerpfanne beispielsweise sind ein würdiger Abschluss dieser Wanderung.

Reinhard Weirauch

Das Bier:
Brauereigasthof Zum Schwan, Hauptstraße 46, 96250 Ebensfeld, Tel. 0 95 73/57 71, www.brauereigasthof-zum-schwan.de, tägl. 10.00–23.00, Mo Ruhetag.
Brauerei Leicht, Pferdsfeld 22, 96250 Ebensfeld, Tel. 0 95 73/2 36, tägl. ab 16.00, Sa, So ab 10.00, Do Ruhetag.
Brauerei Martin, Viehtriebweg 3, 96250 Ebensfeld-Unterneuses, Tel. 0 95 73/43 82, tägl. ab 16.00, So ab 10.00, Mi Ruhetag.

Informationen:
Markt Ebensfeld, Rinnigstraße 6, 96250 Ebensfeld,
Tel. 0 95 73/9 60 80, www.ebensfeld.de.
Extras:
Ebensfelder Badesee am nördwestlichen Ortsrand über
Radwanderweg 8 zu erreichen.
Karte:
Fritsch Wanderkarte Nr. 50, *Oberes Maintal*.

Stilles Wasser 5

> **Tour:** Mit dem Kanu auf der Itz von Rattelsdorf nach Mürsbach und zurück.
> **Länge:** Ca. 15 Flusskilometer.
> **Dauer:** Reine Fahrzeit insgesamt ca. 4 Stunden.
> **Familie:** Geeignet für Gruppen und Familien mit Kindern.
> **Saison:** Vorzugsweise Sommer- bzw. Biergartenzeit. Allerdings ist die Tour im Herbst »farbiger« und auf dem Wasser herrscht weniger Hitze.
> **Besonderheiten:** Die ganze Tour!
> **Variante:** Von Rattelsdorf aus sind auf Itz und Main eine Reihe von Touren möglich (Informationen beim Bootsverleih).
> **Anfahrt:** *Kfz:* Auf der A73 Richtung Bamberg, Ausfahrt Breitengüßbach-Nord. Der Bootsverleih liegt am Ortsende Richtung Höfen/Baunach.

Der Blick des Wasserwanderers

Eine Kanutour im *Ausflugs-Verführer Bierfranken*? Braustätten besuchen und dabei ein wackeliges Kleinboot nutzen? Wo bleibt die Vernunft?

Nun, unser Grundgedanke ist folgender: Das wohltuende Gefühl des Schwebens, das mancher am mäßigen Biergenuss schätzt, erzeugt auf diesem Ausflug das gemächliche Wasser der Itz. Ein kleiner, unaufdringlicher Rausch der Stille stellt sich ein, wenn man zufrieden auf dem freundlichen Fluss dahintreibt. Die Einkehr in einem der Biergärten in Ufernähe ist sozusagen die Zugabe.

Die Szenerie entlang der Itz mag weniger spektakulär sein als z. B. an der Wiesent in der Fränkischen Schweiz, aber hier kann man die besondere Perspektive des Wasserwanderers vielleicht sogar besser genießen. Hinter jeder Biegung stößt man auf ein neues Flussidyll, da ragt ein Baum aus dem Wasser, dort springt ein Nagetier hinein. Wenig Leute trifft man, dafür aber, weil man sich lautlos bewegt, mit etwas Glück Graureiher und Eisvögel.

Kanuwandern auf der Itz.

Die Itz entspringt in 673 Metern ü. NN am Fuß des Bleßbergs nordöstlich von Eisfeld im Thüringer Wald und hat eine Gesamtlänge von ca. 80 Kilometern. In Franken durchfließt sie u. a. die Städte Rödental und Coburg. Es folgt der fruchtbare, untere Itzgrund, bei Hochwasser das Überschwemmungsgebiet des Flusses. Kurz hinter Baunach mündet die Itz in den Main.

Anlaufpunkt für Kanutouren auf der Itz ist Rattelsdorf, von wo aus verschiedene Routen möglich sind. Eher etwas für Abenteuerlustige ist die Strecke ab Schenkenau; hier muss man z. B. mit umgestürzten Bäumen im Fluss rechnen. Die Familienvariante verläuft von Rattelsdorf nach Mürsbach. Der sportlichere Fahrer, der den einen oder anderen Schwall nicht scheut, fährt vielleicht lieber von Rattelsdorf aus nach Baunach, benötigt dafür aber ein eigenes Boot. Die Verleihstrecke endet in Rattelsdorf.

Willkommen an Bord – unsere Sicherheitsbestimmungen

Wir wählen die Familienvariante Rattelsdorf–Mürsbach und zurück. Der Fluss ist auf dieser Strecke einfach zu befahren und auch für Anfänger zu bewältigen. Schwimmen sollte allerdings möglichst jeder Teilnehmer können und auch ein wenig Gleichgewichtssinn und Beweglichkeit sind nützlich, wenn man ein schwankendes Kanu oder ein enges Kajak besteigt. Ebenso ist eine Schwimmweste nicht nur für die Kleinen obligatorisch: Unversehens ins Wasser zu fallen ist etwas ganz anderes als absichtlich hineinzuspringen, mag der Fluss noch so zahm und das Wasser nicht tief sein.

Wertsachen sollte man keine unnötigen mit ins Boot nehmen, eine wasserdichte Tonne zum Transport der nötigen ist beim Bootsverleih erhältlich. Denken Sie aber an Sonnenhut und -creme sowie Mückenmittel und etwas zu trinken. Außerdem hat es sich bewährt, im Auto einen Satz trockene Kleidung bereitzuhalten. Nass werden kann man beim Kanufahren immer. Kurze Hose und wasserfeste Sandalen sind die richtige Kleiderwahl. Ist all dies bedacht, wählt der Flusswanderer beim Bootsverleih den gewünschten Bootstyp (geschlossenes Kajak oder offenes Kanu), bekommt eine kurze Einweisung – und los geht's.

Auf dem Weg nach Mürsbach muss das Boot insgesamt dreimal aus dem Wasser gezogen und eine kurze Strecke über Land getragen werden: einmal gleich nach dem Start, später bei Zau-

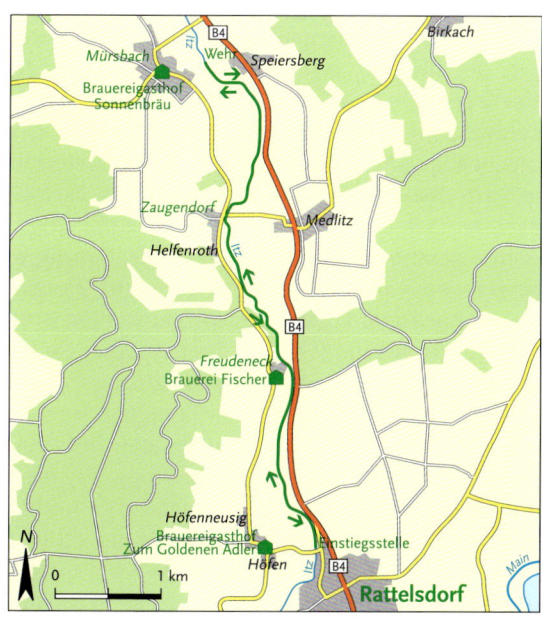

gendorf und schließlich am Zielort. Das Ganze nochmals auf dem Rückweg, aber keine Angst, die Kanus sind leicht und die Wege kurz. Die Ausstiegsstellen befinden sich (auf dem Hinweg) jeweils unmittelbar links vor dem Wehr. Bitte benutzen Sie keine anderen als die gekennzeichneten. Bei der Wanderung auf dem Fluss merkt man sehr schnell, dass die Itz ein schützenswertes Gewässer ist, entsprechend sollte man sich verhalten. Meiden Sie deshalb unterwegs die Uferbereiche, durchfahren Sie keine Seerosen, und wenn eine Entenfamilie kreuzt, dann geben Sie ihr Gelegenheit, dies in Ruhe zu tun.

In Mürsbach scheint die Sonne

Bis nach Freudeneck, das man nach ungefähr 30 Minuten erreicht, ist die nahe Straße noch zu vernehmen. Danach ist der Unterschied zwischen Oberfranken und Skandinavien so klein, wie er sein kann. Der Fluss wird enger und windungsreicher, im Altwasser wuchern Schilf und Pfeilkraut. Auf der Itz ist sogar ein Biber am Werk, allerdings müsste man, um ihn zu sehen, in der Abenddämmerung vorbeikommen. Mit dem Boot ist das unmöglich, denn ab 18.00 Uhr gehört der Fluss den Anglern.

Auf dem Hinweg paddeln wir gegen die Strömung, unser Ziel in Mürsbach erreichen wir nach etwa zwei Stunden. Die Boote lassen wir auf der Uferwiese zurück, halten uns auf dem Feldweg links und erreichen die Hauptstraße. Dort wenden wir uns nach rechts und gelangen nach 200 Metern in der Ortsmitte zum *Brauereigasthof Sonnenbräu*. Das Fachwerkdorf Mürsbach wirkt wie frisch geputzt, und das prächtige Haus mit der Sonne passt wunderbar ins Ensemble. Sonnig wird dem Wasserwanderer auch zumute, wenn er im Biergarten am Haus das süffige Lager kostet. Die hausgemachten Brotzeiten schmecken, und auf Kinder, die im Boot eventuell zu lange still sitzen mussten, wartet ein kleiner Spielplatz.

Auf dem Rückweg liegt bei Freudeneck rechter Hand eine Ausstiegsstelle mit dem Wappen der *Brauerei Fischer*. Hier sollte ebenfalls noch ein kurzer Stopp eingelegt werden. Bis zum Gasthof sind es nur 100 Meter. Im gemütlichen Gastraum oder im Hof kann man ein Kellerbier genießen, das etwas herber ist als das beim *Sonnenbräu*. Im Krug turnt der Hopfen in die Höhe, ebenso wie an der Wand des Brauhauses.

Eine solche Flussfahrt schafft Distanz vom Alltag, mehr noch als eine »normale« Wanderung, und man hat Leute gesehen, die im Anschluss den Gedanken fassten, ein eigenes Boot zu kaufen und nach neuen Herausforderungen zu suchen. Denn man kann theoretisch von Rattelsdorf weiter über Baunach bis ins Bamberger Stadtgebiet fahren. Mit dem Rausch der Stille ist es dann allerdings vorbei.

Martin Weirauch

Das Bier:
Brauereigasthof Sonnenbräu, Zaugendorfer Straße 4, 96197 Mürsbach, Tel. 0 95 33/98 10 17, www.gasthaus-schmitt.de, Sommer (Mai–Sept) Di–So 11.00–24.00, Mo Ruhetag, Winter (Okt–Apr) Di–So 11.00–14.00 und 17.00–24.00, Mo Ruhetag. Lager, Weizen, Bock und Festbier (saisonal).
Brauereigasthof Fischer, Freudeneck 2, 96197 Rattelsdorf, Tel. 0 95 47/4 88, www.freudenecker-bier.de, tägl. ab 11.00, Mo Ruhetag. Helles Lagerbier, diverse saisonale Spezialitäten.
Brauereigasthof Zum Goldenen Adler, Höfen 21, 96179 Rattelsdorf, Tel. 0 95 47/2 64, Mo–Fr ab 15.00, So ab 11.00, Di, Sa Ruhetag. Ungespundetes Lager.

Informationen:
Mühlenboote Rattelsdorf, Obere Mühle, An der Itz 11a, 96179 Rattelsdorf, Tel. 0 95 47/17 83.
Karte:
Fritsch Wanderkarte Nr. 50, *Oberes Maintal*. Beim Bootsverleih erhält man eine Karte, in der alle Wehre etc. eingezeichnet sind und die zur Orientierung genügt.

6 Von Faltern und Felsen

> **Tour:** Wanderung durch das Kleinziegenfelder Tal und zurück.
> **Länge:** Ca. 6 km.
> **Dauer:** Reine Gehzeit ca. 2 Stunden.
> **Familie:** Wege teils steil und unbefestigt, dafür aber kurz und mit Abenteuercharakter.
> **Höhenunterschied:** Ca. 100 Meter.
> **Markierungen:** Lokale Markierung »4« und »5«.
> **Saison:** Von Frühjahr bis Herbst, möglichst nicht nach mehreren Regentagen! Schmetterling-Saison von Juni bis August.
> **Anfahrt:** *Kfz:* Über die A73 bis Bamberg oder A9 bis Autobahndreieck Bayreuth/Kulmbach, dann die A70 bis Ausfahrt Stadelhofen und noch ca. 3 km in Richtung Weismain.

Bayerische Ureinwohner?

Nun ja, dass wir Franken innerhalb Bayerns oftmals geflissentlich übersehen werden, sind wir ja schon gewohnt. Daher echauffieren wir uns auch nicht zu sehr, dass die Bayerischen Landschaftspflegeverbände (LVP) im Jahr 2008 bei einer großen PR-Aktion 17 Tier- und Pflanzenarten zu »Bayerischen Ureinwohnern« erklärt haben, auch wenn sie, wie der Apollofalter, auch in Franken anzutreffen sind. Der auch als »Roter Apollo« bezeichnete Schmetterling ist jedenfalls so stark bedroht, dass er sogar im Rahmen des Washingtoner Artenschutzabkommens international geschützt ist. Im Kleinziegenfelder Tal befindet sich nun das letzte fränkische Vorkommen des zur Familie der Ritterfalter zählenden Insekts. Um das Vorkommen zu erhalten, sind offene, unverbuschte Kalkfelsen notwendig, die freizuhalten dem örtlichen Landschaftspflegeverband einiges abverlangt. Also Augen auf, vor allem von Juni bis August, wenn die Schmetterlinge am fleißigsten fliegen. Der Apollofalter, auf zahlreichen Infotafeln abgebildet, ist weiß mit breiten schwarzen Streifen auf den vorderen und zwei oder mehr roten Punkten auf den hinteren Flügeln.

Ohne die Bemühungen des LVP schmälern zu wollen, muss doch vor dem eigens entwickelten »Apollofalter-Wanderweg« gewarnt werden. Er ist zwar auf einem Faltblatt eingezeichnet, jedoch nicht mit Markierungen versehen, was es mitunter schwer macht, dem Routenverlauf zu folgen. Gleiches gilt für den Einstieg in die Tour, welcher am Ortsausgang von Kleinziegenfeld liegt. Da ist es gut, dass es den *Ausflugs-Verführer Bierfranken* gibt.

Das Tal von unten ...

Wir starten die Wanderung an besagtem kleinen Wanderparkplatz am nördlichen Ortsende von Kleinziegenfeld (Achtung: Wer die Kapelle passiert hat, ist schon zu weit). Der Parkplatz befindet sich an einer scharfen Rechtsabzweigung und verfügt über zwei Tische mit vier Bänken zum Rasten. Links daneben führt ein Fußweg über die unweit entspringende Weismain. Wir überqueren das Gewässer und stehen vor einem steilen Hang. Rechter Hand ist ein schmaler Pfad erkennbar, der aufwärts führt. Kaum erkennbar ist dagegen die Fortsetzung dieses Pfades nach links, und noch schwieriger ist die rückwärtig an-

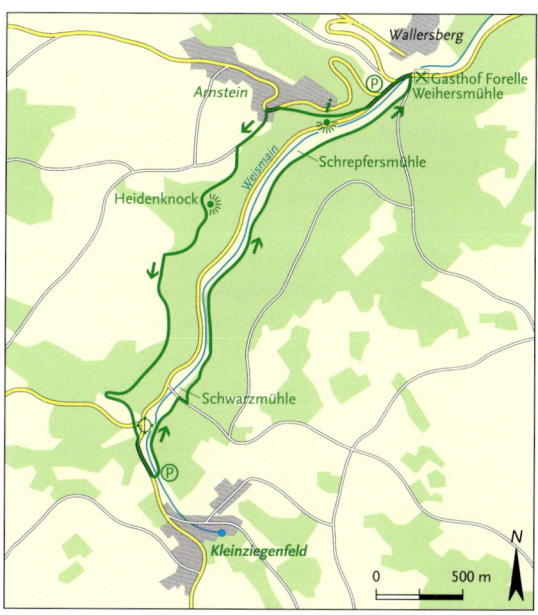

gebrachte Markierung »4« zu entdecken. Wir lassen uns von all dem nicht beirren und beginnen unsere Wanderung nach links parallel zum Bachlauf. Es geht zunächst durch einen niedrigen Wald. Bei einer Mühle verlässt uns die Weismain kurz in linker Richtung. Wir gehen weiter am Waldrand entlang. Kurz darauf kreuzen wir einen Forstweg; unsere Route mit der »4« geht leicht links versetzt geradeaus weiter, auf einem Holzwegweiser ist auch »Weihersmühle« ausgeschildert. Der Weg wird daraufhin breiter und verläuft durch die Flussauen. Hier ist es von Vorteil, wenn es vorher mehrere Tage trocken war, andernfalls kann es eine eher matschige Angelegenheit werden. Dann kommen wir wieder in einen lichten Laubwald hinein, neben der »4« ist hier auch ein rotes Kreuz erkennbar. Unser Weg geht abenteuerlich weiter, teilweise bleibt nur ein Fuß breit zwischen Hang und Gewässer. Trittsicherheit und festes Schuhwerk sind hier unabdingbar; gegebenenfalls kommen auch noch umgestürzte Bäume als Extra-Herausforderung hinzu.

Wir befinden uns nun kurz vor der Schrepfersmühle. Vom Flüsschen wurde hier ein Seitenarm in Form eines kleinen Kanals abgezweigt, den wir auf einem Holzsteg hin und unmittelbar vor dem Anwesen wieder zurück überschreiten. Danach kommen wir wieder in den Wald hinein, wo wir auf dem leicht schrägen Untergrund gut auf die zahlreichen Baumwurzeln achtgeben müssen, wollen wir nicht nähere Bekanntschaft mit dem Waldboden schließen. Der Abenteuercharakter dieses Streckenabschnitts wird teilweise noch durch starken Bewuchs (u. a. von kleinen Nadelbäumen) ergänzt, sodass der schmale Pfad nur schwer zu erkennen ist. Aber das Ganze dauert nicht lange, denn wenige hundert Meter weiter verlassen wir den Wald und haben mit Weihersmühle den Wendepunkt unserer Tour erreicht. Die Markierung »4« weist nun nach rechts, ist aber für uns ab sofort nicht mehr relevant.

... und von oben

Wir kommen beim *Gasthof Forelle* auf die Ortsverbindungsstraße. Wen Hunger und Durst schon quälen, der kann hier Abhilfe schaffen, doch sei darauf hingewiesen, dass der steile Teil des Wegs noch vor uns liegt. Wir halten uns links und gehen an der Straße entlang, aus dem Weiler hinaus. Nach einer großen Einmündung passieren wir wieder einen kleinen Wanderpark-

Keine Falter, dafür Farbenpracht: Herbst im Kleinziegenfelder Tal.

platz und kurz danach geht halbrechts ein Wanderweg mit der Markierung »5« hangwärts hinauf (Richtung Arnstein). Das wird nun zwar etwas anstrengend, andererseits wäre es aber auch zu schade, würden wir das prächtige Tal nur von unten sehen. Der erste schöne Blick bietet sich schon nach wenigen hundert Metern, wo eine Infotafel neben einer Bank nähere Informationen zur Schmetterlingspopulation bietet. Vor uns ist auch schon die Kirchturmspitze von Arnstein erkennbar. Am Ortseingang von Arnstein treffen wir auf die Autostraße, der wir so lange folgen, bis sie in einer Haarnadelkurve nach rechts abknickt. Hier gehen wir links in eine kleine Straße hinein, an deren Anfang wir einen Wegweiser zum »Heidenknock« und nach Kleinziegenfeld sehen. Es geht noch zwischen vereinzelten Häusern und Scheunen durch, dann endet der Ort und wir gehen auf einem gepflasterten Wirtschaftsweg weiter. Kurz darauf zeigt der hölzerne Wegweiser zum »Heidenknock« und nach Kleinziegenfeld halblinks in einen unbefestigten Feldweg hinein, der alsbald in den Laubwald hineinführt, wo es wieder bergab geht. Am Ende des Abstiegs deutet sich eine Weggabelung an, von der wir uns aber nicht verwirren lassen. Wir halten uns links und wandern nun wieder leicht bergauf weiter durch den Wald, wo wir uns an verschiedenen Kalkfelsen unterschiedlichster Formen und Größe erfreuen können. Am Ende des Anstiegs weist ein Wegweiser zum »Heidenknock« nach links. Dieser Abstecher beträgt nur gute 100 Meter, bietet aber einen grandiosen Blick in das Tal, weswegen man ihn auf keinen Fall scheuen sollte.

An der Abzweigung setzen wir dann unseren Weg nach Kleinziegenfeld fort. Nach einem Rechtsbogen kommen wir aus dem Wald heraus und treffen auf einen geschotterten Feldweg, wo wir links gehen. Nach einigen hundert Metern am Waldrand entlang führt der Pfad wieder in den Wald hinein und weiter bergab. Beim nächsten Verlassen des Waldes sehen wir schon die Kapelle von Kleinziegenfeld zu unserer Linken. Der Weg biegt noch einmal nach rechts ab, und wir landen auf dem Gelände einer Sägemühle, das wir in Richtung der Kapelle durchqueren. Hinter dem Gotteshaus führt eine Teerstraße zurück zu unserem Ausgangsparkplatz.

Wer jetzt keinen Apollofalter zu Gesicht bekommen hat, sollte sich nicht zu sehr grämen, denn es gibt noch anderes zu entdecken. Versteckte Landbrauereien warten auf uns in Wattendorf und Schederndorf. Letzteres liegt etwas näher und ist wie folgt erreichbar: auf der Rückfahrt von Kleinziegenfeld an der nächsten T-Kreuzung rechts, dann aber nicht gleich wieder links in Richtung A70, sondern geradeaus weiter. Nach ca. drei Kilometern kommt eine Abzweigung nach Schederndorf, wo der *Brauereigasthof Will* auf Wanderer wartet. In der anderen Richtung erreicht man über Großziegenfeld und Mährenhüll Wattendorf, die Heimat der Brauereien *Hübner* und *Dremel*.

Veit Bronnenmeyer

Das Bier:
***Brauereiwirtschaft Konrad Will**, Haus Nr. 19, 96187 Stadelhofen/Schederndorf, Tel. 0 95 04/2 62, www.schederndorf.de, tägl. 11.00–23.00, Di Ruhetag. Würzig-süffiges Landbier, Landweizen (ohne Flaschengärung hergestellt) sowie im*

Nov und Dez Landbock. Diverse Brotzeiten, warme Küche nur zweimal im Jahr (jeweils zweiter So im Febr und Sept).

Brauerei Hübner, Hauptstraße 28, 96196 Wattendorf, Tel. 0 95 04/ 2 07, www.brauerei-huebner.de, tägl. 11.00–22.00, Mi Ruhetag. Bernsteinfarbenes Lagerbier und kellertrübes Zwickelspils. Verschiedene Brotzeiten aus eigener Schlachtung, So, Fei auch Braten.

Brauerei und Gastwirtschaft Dremel, Hauptstraße 21, 96196 Wattendorf, Tel. 0 95 04/2 71, www.brauerei-dremel.de; Mi–Sa ab 16.00, So, Fei ab 10.00 geöffnet, Mo, Di Ruhetag. Helles und Dunkles vom Fass, im Winter auch Bockbier. Warme und kalte Küche, Sa, So, Fei auch reichhaltiger.

Informationen:
Touristinformation Weismain, Kirchplatz 7, 96260 Weismain, Tel. 0 95 75/92 13 29, www.stadt-weismain.de.
Tourismuszentrale Fränkische Schweiz, Oberes Tor 1, 91320 Ebermannstadt, Tel. 0 91 91/86-10 54, www.fraenkische-schweiz.com.

Karte:
Fritsch Wanderkarte Nr. 65, *Naturpark Fränkische Schweiz, Blatt Nord.*

7 Schöne Ausblicke und tiefe Einblicke

> **Tour:** Rundwanderung in den Hügeln, Feldern und Wäldern um Baunach und Reckendorf.
> **Länge:** 12 km.
> **Dauer:** Reine Gehzeit 4 Stunden.
> **Familie:** Für ältere Kinder geeignet.
> **Saison:** Ganzjährig reizvoll.
> **Besonderheiten:** Möglichkeit zum Besuch der alten Synagoge bzw. des jüdischen Friedhofs in Reckendorf.
> **Variante:** Mit der Markierung »Eule« im Wald nicht nach Dorgendorf, sondern nach Priegendorf. Dann auf dem Burgen- und Schlösserweg über die Ruine Stiefenberg zurück nach Baunach (1 Stunde zusätzlich).
> **Anfahrt:** *Kfz:* Auf der A73 Richtung Bamberg, Ausfahrt Breitengüßbach Mitte. *ÖPNV:* Mit der Bahn nach Baunach (Fahrradmitnahme möglich).
> **Ausgangspunkt:** Bahnhof in Baunach.

Die »fränkische Drei-Flüsse-Stadt«

Main und Itz fließen in der Nähe vorbei, die Baunach mitten hindurch – die »fränkische Drei-Flüsse-Stadt« Baunach ist Ausgangs- und Endpunkt dieser Wanderung, die sich über weite Strecken komfortabel auf schattigen Waldwegen bewegt und etliche Perspektivwechsel ermöglicht: Zu Beginn blicken wir ins flache Tal des Mains hinein, erweitern dann in Reckendorf unseren geschichtlichen Horizont und schauen zwischendurch ganz nach Geschmack ins Glas.

Am Bahnhof von Baunach überqueren wir die Gleise und folgen der Markierung »blaues M« (Mainweg) eine kurze Strecke (links in die Dr.-Herbert-Iann-Straße, dann nach rechts in die Kraiberger Straße) durch das Gewerbegebiet. Wir gehen bei den letzten Häusern geradeaus auf einem befestigten Fahrweg aus dem Ort hinaus. Bald ist eine Anhöhe an einer Kreuzung mit Sitzbank erreicht; spätestens hier sollte man sich Zeit nehmen, die Aussicht zu genießen. Vor uns im Tal fließen Itz und Main Richtung Baunach, aus dem Hintergrund grüßen die

Türme von Bamberg. Weiter geht es mit dem »blauen M« bergauf bis zum Waldrand.

An der Informationstafel beim Hubertusstein folgen wir dem Forstweg nach links. Der Mainweg verabschiedet sich bald nach rechts, wir gehen geradeaus weiter und folgen der Markierung mit dem Greifvogel Milan. Wir ignorieren alle Abzweigungen und auch, dass sich teilweise ein Dachs als Markierung dazugesellt. Nach einiger Zeit kommen wir zu einer T-Kreuzung. Die Markierung »Hufeisen« weist uns nach links bergab, die ersten Häuser von Reckendorf sind bald in Sicht. Wir gehen immer geradeaus in den Ort hinein, die Kirche stets im Blick.

Wenn wir das Rathaus erreicht haben, ergibt sich die erste Einkehrmöglichkeit: Nach rechts geht es zum Garten der *Schlossbrauerei*. Er befindet sich etwa an der Stelle, an der bis ins 19. Jahrhundert das Reckendorfer Schloss stand. Ein Wappenstein in der Brauhausmauer erinnert noch daran. Hier kann man es sich unter Linden und Kastanienbäumen direkt neben der Brauerei gut gehen lassen. Ein Spielplatz ist vorhanden, Kellerbier und Export vom Fass können beide überzeugen, ebenso die gut gemischten Brotzeitplatten.

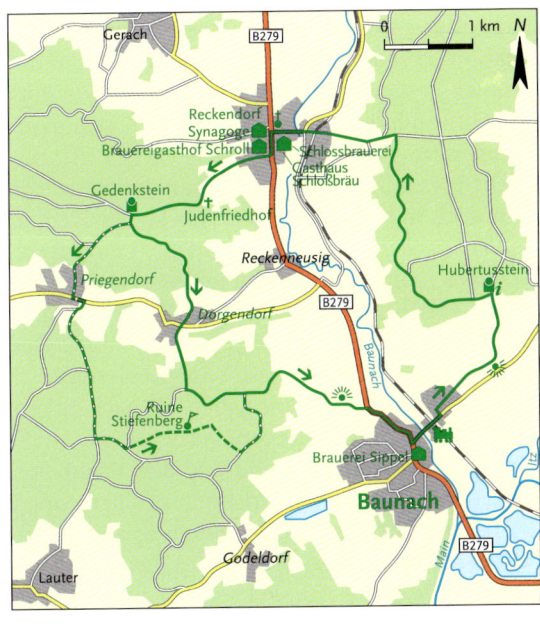

Jüdisches Leben in Reckendorf

Das *Gasthaus Schloßbräu* selbst erreicht man vom Biergarten aus durch den Torbogen. Ihm gegenüber liegt die 1727 errichtete Reckendorfer Synagoge. Mitte des 19. Jahrhunderts war Reckendorf die größte jüdische Gemeinde im heutigen Oberfranken, mit Synagoge, Reinigungsbad (Mikwe) und Schlachthaus. 27 % aller Reckendorfer waren jüdischen Glaubens, insgesamt 303 Einwohner. Diese Zahl sank jedoch bis zum Beginn des 20. Jahrhunderts auf ein Zehntel. Viele Reckendorfer Juden wanderten aus, wie z. B. Isaias W. Hellmann (1842–1920), der in Kalifornien die Wells Fargo-Bank mitbegründete.

In der Reichspogromnacht wurde die Innenausstattung der alten Synagoge zerstört. Die Nationalsozialisten erzwangen den Verkauf, der Bau diente danach meist gewerblichen Zwecken. Die Geschichte der Reckendorfer Juden endete mit der Deportation von Josef, Frieda und Ludwig Schmitt sowie Meta Frank am 22.4.1942.

Seit März 2001 ist die Synagoge im Besitz der Gemeinde Reckendorf und steht heute der Öffentlichkeit zur Verfügung. Auf dem Dachboden fand man bei der Renovierung etliche rituelle und auch alltägliche Gegenstände, die seit dem 18. Jahrhundert dort gelagert worden waren. Diese sind heute auf der »Frauenempore« zu besichtigen und geben uns einen anschaulichen Einblick in die jüdische Kultur Reckendorfs. Eine Führung ist für Bierwanderer mit geschichtlichem Interesse äußerst empfehlenswert.

Zurück zum Rathaus. Geht man dort geradeaus weiter, stößt man nach wenigen Metern rechts an der Hauptstraße auf den *Brauereigasthof Schroll*. Dieser hat keinen Garten, aber für den Wanderer günstigere Öffnungszeiten als das *Gasthaus Schloßbräu*. Gereicht werden schmackhafte Brotzeiten, gebraut wird eine Sorte bernsteinfarbenes, malziges Bier: Den nicht genug zu lobenden Urtrunk müssen Sie probieren!

Vom *Gasthof Schroll* aus gehen wir nach links auf der Hauptstraße weiter. Auf der gegenüberliegenden Straßenseite sehen wir bald eine kleine Kapelle und den Wegweiser »Judenfriedhof«, dem wir aus dem Ort hinaus folgen. Der Weg steigt an, der Friedhof liegt nach etwa einem Kilometer an einer Weggabelung im Wald links oberhalb des Weges. Im Jahr 1798 erwarb die jüdische Gemeinde Reckendorf hier für 300 Gulden »ein

Versteckt im Wald liegt der Reckendorfer Judenfriedhof.

Plätzchen, welches 1/2 Acker beträgt«, zur Anlage eines Friedhofs, nachdem man bis dahin die Toten im weit entfernten Ebern hatte bestatten müssen. Der Schlüssel ist gegen Vorlage des Personalausweises im Rathaus erhältlich. Sehenswert sind vor allem die der Form von Schriftrollen nachempfundenen Marmorgrabsteine der Familien Hellmann und Walther im vorderen Teil des Friedhofs.

Zurück mit Wildschwein, Eule und Specht

An der Gabelung beim Friedhof gehen wir nach links, der Markierung »Wildschwein« auf einer Forststraße folgend. Lange zieht sich der Weg im Wald bergauf. Man hört ein Pochen – ist es der Puls in den Schläfen oder ein Specht in den Bäumen? Wahrscheinlich beides. Der Weg trifft am höchsten Punkt auf eine Kreuzung mit Gedenkstein: Wir wenden uns in einem scharfen Knick nach links, jetzt dem Wegweiser nach Priegendorf bzw. der Markierung mit der Eule folgend. Diese zweigt zwar gleich darauf auch rechts nach Priegendorf ab (vgl. Variante), wir aber gehen geradeaus durch den Wald bergab. Bei einer T-Kreuzung mit einer großen Eiche stoßen wir wieder auf die »Eule«; sie weist uns nach links, dann geht es gleich rechts am Waldrand entlang. Über Felder erreichen wir Dorgendorf, das in einer Senke liegt.

Im Ort angekommen, wenden wir uns nach links und gleich wieder nach rechts (Kirchweg). Bei einer Bank weist uns das Schild »Schiefenberg Kufe« bergauf, auf einem gepflasterten Weg aus dem Dorf hinaus und wieder in den Wald hinein. Wir erreichen ein Stück weiter im Wald eine Kreuzung, die Markierung des Mainwegs ist wieder zu sehen und leitet uns nach links, jetzt zusammen mit dem »Specht«. Diese beiden Markierungen bringen uns problemlos nach Baunach zurück. Kurz vor dem Ort nochmals gute Aussichten: Wir blicken zurück auf Reckendorf, weit entfernt liegt die Giechburg. Auf der Hauptstraße laufen wir nach Baunach hinein, und schon grüßt in der Ortsmitte der Schornstein der *Brauerei Sippel*. In der Wirtsstube oder im kleinen Garten am Haus kann die Wanderung hier bei einem Glas Vollbier ausklingen – einfach, aber gut (siehe auch die Tour 8 »Waldwege und Flussidylle«). Der Wegweiser »Altstadtparkplatz« führt uns schließlich zum Bahnhof zurück.

Martin Weirauch

Das Bier:
Gasthaus Schloßbräu, Mühlweg 8, 96182 Reckendorf,
  Tel. 0 95 44/9 49 50, www.gasthaus-schlossbraeu.de, Mo, Do, Fr, Sa 10.00–13.30 und ab 16.00, So, Fei ab 9.30, Mi ab 16.00 oder auf Anfrage, Di Ruhetag. Lager, Export, Keller, Weizen, Dunkel, Festbier, Bock (saisonal).
Schlossbrauerei Reckendorf, Mühlweg 16, 96182 Reckendorf,
  Tel. 0 95 44/9 42 10, www.recken.de, Schlossgarten Mai–Aug tägl. ab 16.00, So, Fei ab 14.30, Di Ruhetag. Lager, Export, Keller, Weizen, Dunkel, Festbier, Bock (saisonal).
Brauereigasthof Schroll, Hauptstraße 38, 96182 Reckendorf,
  Tel. 0 95 44/2 03 38, tägl. ab 9.00, Do Ruhetag. Urtrunk (dunkel), Bock (saisonal).
Brauereigasthof Sippel, Burgstraße 20, 96149 Baunach,
  Tel. 0 95 44/24 88, tägl. ab 9.00, Mi Ruhetag. Vollbier.

Informationen:
Bürgermeisteramt der Gemeinde Reckendorf, Bahnhofstraße 20, 96182 Reckendorf, Tel. 0 95 44/2 03 07 (Ansprechpartner für Besichtigung der Synagoge und des

jüdischen Friedhofs; Anfragen bitte mind. 14 Tage vor dem geplanten Besuch).
Literatur:
Liedel, Dollhopf, Bergmann: *Jerusalem lag in Franken: Synagogen und jüdische Friedhöfe*, Würzburg 2006.
Karte:
Fritsch Wanderkarte Nr. 50, *Oberes Maintal*.

Bierstraßen, Bierwege, Biersteige

Die Tourismuswerbung ist nicht faul. Wandern ist wieder im Kommen, regionales Bier feiert seine fröhliche Wiedergeburt. Und so haben sich in den letzten Jahren Gemeinden und Brauereien zusammengeschlossen, um ihren Standort zu vermarkten. Bierstraßen, Bierwege, Biersteige wurden ausgetüftelt, beschildert und beworben; manch ein Tourismusverband verleiht gleich noch ein Diplom dazu.

Die Aischgründer Bierstraße

Der Aischgrund im Steigerwald liegt zwischen Bamberg und Rothenburg o. d. Tauber. Die dazugehörige Bierstraße verläuft auf rund 50 Kilometern zwischen Bad Windsheim und Uehlfeld. Acht Brauereien liegen an der gut markierten und landschaftlich reizvollen Strecke – darunter auch die Brauerei im Fränkischen Freilandmuseum Bad Windsheim. Ab Bad Windsheim (drei Brauereien) führt der Aischtalradweg in Richtung Osten. Mit der Markierung »Blaustrich« geht man über Lenkersheim und Weimersheim bis Burg Hoheneck (bei Ipsheim). Dort übernimmt die Markierung »Gelbstrich« entlang der Aischtalhöhen bis Neustadt a. d. Aisch (Brauerei). Vom Festplatz mit dem »Aischtalradweg« bis Gutenstetten (Brauerei). Nun mit der Markierung »Aischgründer Bierstraße« bis Münchsteinach (Brauerei), dort östlich und dann südlich nach Reinhardshofen. Ab hier wieder mit dem »Aischtalradweg« vorbei an Pahres (Brauerei) und Gerhardshofen durch Dachsbach bis Uehlfeld (zwei Brauereien).

Der Fünf-Seidla-Steig

Fünf Brauereien in der südlichen Fränkischen Schweiz haben sich mit dem Verkehrsverbund Nürnberg zusammengeschlossen und bieten entlang einer 15-km-Strecke allerlei Extra-Service, wie spezielle Bierkrüge, eine Stempelkarte oder Transfers nach einem Seidla zuviel. Viel Marketing auch hier, dafür aber eine wirklich schöne Runde mit guten Einkehrmöglichkeiten. Von Weißenohe (siehe Tour 18) mit der Klosterbrauerei führt der Weg nach Gräfenberg mit den Brauereien Friedmann und Lindenbräu. Von dort geht es weiter nach Hohenschwärz mit der Brauerei Hofmann bis nach Thuisbrunn und zum Elch-Bräu. Prospekte erhalten Sie beim VGN Nürnberg.

Der Bierweg in der Bierecke Steigerwald

Eine rekordverdächtige Dichte an Brauereien bietet der Bierweg in der Bierecke östlicher Steigerwald. 15 Brauereien warten an nur 46 Kilometern auf Ihren Besuch. Durchschnittlich alle drei Kilometer gilt es ein Bier zu verkosten. Der Weg mäandert von Weisbrunn (südlich von Eltmann) bis Ampferbach (Tour 13) bei Burgebrach. Landschaftlich ganz sicher eine wunderbare Gegend. Weitere Informationen bietet die Verwaltungsgemeinschaft Lisberg, unter Tel. 0 95 49/9 89 70.

Der Klassiker: Brauereienweg Aufseß
Eine Gemeinde, vier Brauereien auf 13 Kilometern und ein Eintrag ins Guinnessbuch der Rekorde: Aufseß in der Fränkischen Schweiz ist Weltrekordhalter für die größte Brauereiendichte pro Einwohner. In den Brauereigaststätten erhalten Sie einen Brauereienweg-Wanderpass. Wenn alle vier abgestempelt sind, erhalten Sie eine Urkunde, die Sie als »Fränkischen Ehrenbiertrinker der Weltmeisterbrauereien« ausweist. Wer kann da widerstehen? Zumal der Weg wunderschön ist, gar nicht zu reden von den ausgezeichneten Bieren. Die Wanderung beginnt in Hochstahl (tolles Bier von der Brauerei Reichold) auf einem sehr schönen Weg hinunter ins Aufseßtal. Ein Abstecher führt zum Kathi-Bräu (ausgezeichnetes Bier!). Durch das schöne Aufseßtal weiter zum gleichnamigen Ort Aufseß (Brauereigasthof Rothenbach) und durch den Ort jetzt talaufwärts. Nun am Mühlengrund vorbei nach Sachsendorf (Brauereigasthof Stadter) über Hundshof nach Tiefenlesau und nach Hochstahl zurück.

Die Fränkische Bierstraße
Sie existiert mehr virtuell denn realiter, wohl, um der Bayerischen Bierstraße in der Hallertau Paroli zu bieten – bislang erfolglos. Weder ihr Erfinder noch eine genaue Tourenbeschreibung sind zu ermitteln. Die Fränkische Bierstraße bewegt sich kreuz und quer zwischen Bayreuth und Kulmbach, endet mal in Muggenhof, mal in Bamberg, orientiert sich irgendwie auch an Museumsbesuchen (Maisel's Brauerei- und Büttnerei-Museum Bayreuth, Bayerisches Brauerei- und Bäckereimuseum Kulmbach, Fränkisches Brauereimuseum Bamberg), und Brauereien gibt es ohnehin überall. Ein Abstecher ins Coburger Land wird auch noch empfohlen. Es ist ohnehin ein Widerspruch in sich: eine Rundreise zu Frankens Brauereien mit dem Auto. Nun gut, wer einen geduldigen Chauffeur sein Eigen nennt, mag das Projekt in Angriff nehmen. Das Wohin und Warum bleibt aber rätselhaft. Eine Marketing-Totgeburt und getrost zum Vergessen.

Reinhard Weirauch

8 Waldwege und Flussidylle

Tour: Wanderung von Dörfleins nach Baunach und am Main entlang zurück.
Länge: 15 km.
Dauer: Reine Gehzeit 4,5 Stunden.
Familie: Für Kinder in der Kurvariante sehr gut geeignet.
Saison: Ganzjährig reizvoll; der Kreuzweg kann bei Schnee gefährlich sein.
Besonderheiten: Die Tour kann auf den Naturerlebnispfad Hallstadt mit anschließender Einkehr beschränkt werden.
Variante: Wer auf halber Strecke nach Baunach über die Helenenkapelle zurück nach Dörfleins geht, verkürzt die Tour um die Hälfte.
Anfahrt: *Kfz:* Auf der A70, Ausfahrt Hallstadt/Bamberg. In Hallstadt folgen wir der Beschilderung nach Dörfleins.
Ausgangspunkt: Wanderparkplatz am Ortseingang von Dörfleins. Nachdem wir den Main überquert haben, biegen wir gleich rechts ab. Der Parkplatz befindet sich am Ende der Straße bei der Informationstafel.

Erlebnispfad und Kreuzweg

Diese Wanderung ist im ersten Teil ein ausgedehnter Waldspaziergang, macht dann einen Abstecher in die »Drei-Flüsse-Stadt« Baunach und führt schließlich bequem am Ufer des Mains entlang zurück nach Dörfleins, der Heimat der *Brauerei Eichhorn*.

An der Informationstafel am Parkplatz beginnt nicht nur unsere Wanderung, sondern auch der Naturerlebnispfad Hallstadt. Er ist als Variante für Familien denkbar und führt als Rundweg von zwei Kilometern über zehn Stationen zurück zum Ausgangspunkt. Kinder können dabei verschiedene Lebensräume mit allen Sinnen erfahren: Die Felsenkeller und Höhlen in der Umgebung sind wichtige Winterquartiere für seltene Fledermäuse, die Auwaldreste am Main Rückzugsgebiet für bedrohte Pflanzen und Vögel. Die Fledermaus »Fritzi«

begleitet die jungen Besucher durch den liebevoll angelegten Pfad. Für einen Rundgang sollte man zwei Stunden einplanen.

Wir gehen vom Parkplatz aus zunächst mit der Markierung »blaues M« (Mainweg) bergauf in den Wald. Nach kurzem Anstieg erreichen wir eine Anhöhe mit Sitzbänken. Hier genießt man den Blick auf das nahe Bamberg und folgt dann weiter der Markierung bzw. den Treppen und Bildstöcken des Kreuzwegs hinauf zum »Tempel« auf dem Kreuzberg. Seit dem 19. Jahrhundert existiert dort eine Kreuzigungsgruppe; mehrmals jährlich finden von Hallstadt und Dörfleins aus Bittgänge zum Kreuzberg statt. Der St. Kilian Verein Hallstadt e. V. und seine ehrenamtlichen Helfer kümmern sich vorbildlich um die Instandhaltung, denn: »Dass in den Kirchen gebetet wird, macht die Blitzableiter auf ihnen nicht unnötig« (Georg Christoph Lichtenberg).

Für uns ist hier oben der schweißtreibendste Teil der Wanderung auch schon geschafft. Der Weg führt jetzt zunächst bergab und gabelt sich bei einer Sitzgruppe. Das »blaue M« führt uns auf gut begehbaren, schattigen Waldwegen weiter Richtung Baunach. Auf halber Strecke dorthin ergeben sich

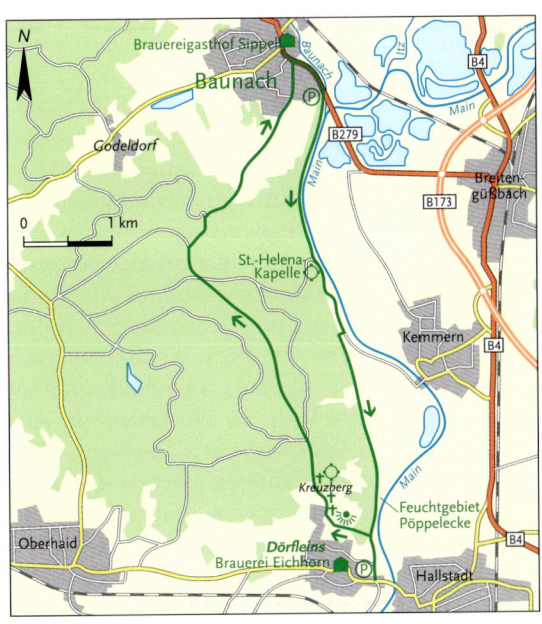

an einer Kreuzung im Wald mehrere Möglichkeiten für Varianten und Abkürzungen. Wer möchte, kann bereits hier über den Mönchssee oder die St.-Helena-Kapelle den Rückweg nach Dörfleins antreten (Markierung »Wildschwein«).

Bier oder nicht Bier

Unsere Wanderung folgt aber weiter dem Mainweg. Kurz vor Baunach treten wir aus dem Wald und sehen in der Ferne den Staffelberg liegen. Der Weg führt uns geradeaus durch das Wohngebiet in den Ort hinein. Der Friedhof bleibt links liegen, an der Kapelle steigen wir ein paar Stufen in Richtung Hauptstraße hinunter. Dort angekommen wenden wir uns nach links und überqueren den Lauterbach. Bald schon sehen wir in der Ortsmitte rechts den *Brauereigasthof Sippel*. Der Betrieb ist nach der Schließung des Baunacher Brauhauses und der *Brauerei Zum Löwen* die letzte verbliebene Braustätte der kleinen Stadt. Lobenswert ist hier zunächst einmal die Schlichtheit des Angebots. »Bier oder nicht Bier« lautet die Frage, denn es gibt nur eine Sorte. Im kleinen Garten am Haus sitzt man unter Nussbäumen, allerdings auch direkt an der Hauptstraße. Dies vergisst man aber möglicherweise im Angesicht des bernsteinfarbenen Sippel'schen Vollbieres, in dem friedlich die Hefeteilchen kreisen. Es ist im Umland beliebt, für Pilsfreunde aber eventuell zu schwer bzw. süß. Die Küche bietet einfache und preiswerte Brotzeiten, z. B. eine sehr schmackhafte Sülze oder einen »Strammen Max« ohne Kompromisse.

Insgesamt können wir den Gasthof zufrieden und gestärkt verlassen, uns nach links wenden und der Hauptstraße wieder aus der Stadt hinaus folgen. Beim Parkplatz vor der Brücke über dem Main zweigen wir mit der Markierung »Wildschwein« nach rechts ab. Bald gesellt sich auf der linken Seite der Main zu uns und verlässt uns so schnell nicht wieder. Unser Weg schlüpft kurz darauf als schmaler Pfad in den Wald, der Straßenlärm verliert sich, der Fluss sorgt für eine romantische Kulisse auf dem Rückweg nach Dörfleins. Wenn das »Wildschwein« nach rechts abbiegt, bleiben wir auf dem »Burgenweg« direkt am Main.

An diesem Flussabschnitt sind die Erfolge der ökologischen Ausbaumaßnahmen aus jüngster Zeit gut erkennbar: Uferabflachung und Auwaldreaktivierung geben dem Main hier ein

In der Ferne grüßt der Staffelberg.

natürliches Gesicht und gefährdeten Arten wie Blaukehlchen oder Flussregenpfeifer wieder eine Heimat.

Schöner Abschluss beim Eichhorn

Auf dem Weg bietet sich für müde Wanderer noch zweimal die Möglichkeit zur Rast auf idyllischen Kellern. Wir biegen zwischendurch mit der Markierung des Burgenwegs einmal rechts und dann gleich wieder links ab und verlassen zwar nicht das Tal, aber den Fluss. Schließlich erreichen wir das Feuchtgebiet »Pöppelecke«, benannt nach dem gleichnamigen Wassergeist, der an dieser Stelle die Passagiere der alten Mainfähre mit seinen Streichen traktierte. Heute treffen wir hier wieder auf die Fledermaus Fritzi und sind gut beraten, ihrem Vorschlag zu folgen: stehen bleiben und den Vögeln lauschen. Bald danach ist unser Ausgangspunkt wieder erreicht.

Der *Gasthof Schwarzer Adler* der *Brauerei Eichhorn* liegt an der Hauptstraße in der Ortsmitte von Dörfleins. Er ist nicht zu verfehlen und vom Wanderparkplatz aus zu Fuß oder mit dem Auto erreichbar. Ein Besuch dort eignet sich sehr gut als Abschluss unserer Wanderung. Die Gaststube mit dunklem Holz und Kachelofen ist urgemütlich, die Brotzeiten sind von hoher Qualität. Zum Zwetschgenbames gibt es z. B. zwar wenig Brot (wie überall), dafür aber frisches (wie nicht überall). Die Kinder können sich im Innenhof bzw. Biergarten und auf dem Spielplatz unbehelligt von den Gefahren der Dörfleinser Hauptstraße austoben. Den Eltern muss derweil dringend geraten werden, das Eichhorn'sche Kellerbier zu probieren. Ungespundet und hefetrüb bewegt es sich mit anderen Favoriten gleicher Brauart aus Geisfeld oder Merkendorf mindestens auf Augenhöhe. Diesem Bier sind viele Freunde zu wünschen!

Martin Weirauch

Das Bier:
Brauereigasthof Sippel, Burgstraße 20, 96149 Baunach,
   Tel. 0 95 44/24 88, tägl. ab 9.00, Mi Ruhetag. Vollbier.
Brauereigasthof Eichhorn/Schwarzer Adler, Dörfleinser
   Straße 43, 96103 Dörfleins, Tel. 09 51/7 56 60,
   www.brauerei-eichhorn.de, tägl. ab 9.00, Do bis 19.00,
   Sa bis 20.00, Mo Ruhetag. Pils, Kellerbier, Weizen, Export,
   Bock (saisonal).

Informationen:
Stadt Hallstadt, Mainstraße 2, 96103 Hallstadt, Tel. 09 51/
   75 0-0.
Karte:
Fritsch Wanderkarte Nr. 66, *Bamberg/Forchheim.*

Ein wunderlieblicher Ort 9

Tour: Ein ausgedehnter Spaziergang mit Kunst, Kultur und Resten einer großen Biertradition.
Länge: Ca. 10 km.
Dauer: Reine Gehzeit ca. 3,5 Stunden.
Familie: Für Kinder womöglich etwas langwierig und -weilig.
Saison: Ganzjährig machbar, besser aber von Frühjahr bis Herbst.
Variante: Mit einem Stadtplan in der Tasche sind viele Varianten möglich.
Anfahrt: ÖPNV: Bayreuth ist seit 2010 im VGN-Gebiet. Regionalexpresszüge (R3) fahren ab Nürnberg mindestens stündlich.

Wagner oder nicht Wagner ...

... das ist die Frage, wenn man den Bayreuther Hauptbahnhof durch den Hauptausgang verlässt. Nun, wer sich dem großen Werk des kleinen Sachsen verschrieben hat, der wird sicher nicht das erste Mal am Roten Main sein. Und alle anderen, die womöglich auch an Voltaire, Jean Paul, der Markgräfin Wilhelmine und einem guten Schluck Bier interessiert sind, halten sich jetzt bitte auf der Bahnhofstraße links. Nach rechts ginge es auf den Grünen Hügel, der Bayreuth jeden Sommer die Ehre einbringt, eine Weltstadt auf Zeit zu sein. Dass Bayreuth aber auch einen Ausflug wert ist, wenn die Sänger, Musikanten, Dirigenten und Regisseure samt der sie bewundernden Prominenz wieder abgereist sind, wollen wir auf dieser Tour näher erörtern.

Während wir die Bahnhofstraße entlanggehen, erschließt sich die Feststellung Voltaires, dass es sich hier um eine »wunderliebe Stadt« handelt, noch nicht so ganz. Wir überqueren am Annecyplatz den Hohenzollernring und sehen alsbald rechter Hand das 1972 errichtete neue Rathaus (Beamtensilo). Zur Entschuldigung sei gesagt, dass Bayreuth im Zweiten Weltkrieg heftig zerstört wurde und man – wie woanders auch – die Fortschrittlichkeit des Ortes danach gerne mit gesichtslosen Hochbauten bezeugen wollte. Aber schon wenige Meter weiter stoßen wir auf den La-Spezia-Platz, genannt »Luitpoldplatz«, wo sich uns Voltaires Feststellung anhand seiner eigenen Erläuterung schon eher erschließt: »Man kann hier alle Annehmlichkeiten des Hofes ohne die Unannehmlichkeiten der großen Welt genießen.«

Vor uns erheben sich die Schlossterrassen mit der Rückseite des Alten Schlosses, davor zwei palaisartige Bauten des Hofarchitekten Carl von Gontard. Auf dem Platz wurde der unterirdisch verlaufende Mühlbach auf einigen Metern freigelegt und wird nunmehr im Volksmund als »Canale Grande« bezeichnet. Natürlich steckt dahinter ein gerüttelt Maß an trockenem fränkischen Humor, dennoch ist dieser Platz ohne Zweifel einer der schönsten von Bayreuth, wo man im Straßencafé prachtvolle Architektur und städtisches Leben genießen kann. Wir überqueren den Mühlbach auf der Holzbrücke, gehen nach links und sehen sogleich das berühmte Markgräfliche Opernhaus, halbrechts in der Opernstraße. Am Eck im ehemaligen Redoutenhaus befindet sich das *Operncafé*. Was sich anschließt, gilt als schönstes noch erhaltenes Barocktheater Europas. Wie so viele seiner Sehenswürdigkeiten verdankt Bayreuth auch diese der Markgräfin Wilhelmine, der Schwester des Preußenkönigs Friedrich II. Die ambitionierte Fürstin wollte es sich wohl einerseits schön machen in der Provinz, andererseits betätigte sie sich (wie auch ihr Bruder) selbst künstlerisch und schrieb gar eine eigene Oper. Das Markgräfliche Opernhaus wurde 1745–1748 nach einem Entwurf von Joseph Saint-Pierre erbaut. Die Innenausstattung im Stil des italienischen Spätbarocks übernahm Giuseppe Galli Bibiena mit seinem Sohn Carlo. Und tatsächlich findet man im Innenraum eine barocke Opulenz, die ihresgleichen sucht, weshalb das Opernhaus auch offiziell für das UNESCO-Weltkulturerbe nominiert wurde. Im Herbst 2010 musste das Opernhaus leider für längere Zeit wegen grundlegender Sanierungsarbeiten geschlossen werden, und bislang steht nicht fest, wann der Innenraum wieder zu besichtigen sein wird.

»Im Meer des Vergnügens oder Biers«

Wir folgen der Opernstraße bis zum Sternplatz. Hier biegen wir links in die Richard-Wagner-Straße ein, die eigentlich eine Fußgängerzone ist, aber trotzdem wegen eines dort gelegenen Parkhauses bisweilen von Autos befahren wird. Kurz nachdem die Fußgängerzone wieder in eine normale Straße übergeht, kommen wir zur ersten Bierstation dieser Tour. Die Hausnummer 38 beherbergt die Zentrale der *Brauerei Schinner*, die sich mittlerweile auch *Bürgerbräu Schinner* nennt. Gebraut wird hier jedoch nicht mehr, die Schinner-Biere werden nach Rezept von einer Großbrauerei im Nürnberger Land produziert. Aber es gibt im Vorderhaus noch die Braustuben mit Brauereiausschank. Im Sortiment befinden sich u. a. »Altbayreuther Braunbier«, Pils, Kellerbier und Weißbier. Und tatsächlich scheint es mit dem Braunbier in Bayreuth eine besondere Bewandtnis zu haben, denn niemand geringerer als der Dichter Jean Paul sah sich 1804 durch das gute »Braune« zur Übersiedlung nach Bayreuth bewegt, wo er angab, »im Meer des Vergnügens oder Biers« schwimmen zu wollen. Jedenfalls kann man ein braunes Bier in den *Schinner-Braustuben* mal versuchen, und wen jetzt schon der Hunger plagt, der wird an dieser Station die reichhaltigste Auswahl an Speisen finden.

Wir setzen unseren Spaziergang die Richard-Wagner-Straße entlang fort und stoßen alsbald rechter Hand auf die Villa Wahnfried, was die Wagnerianer unter den Spaziergängern vielleicht wieder ein bisschen versöhnt. Wir gehen auf das ehe-

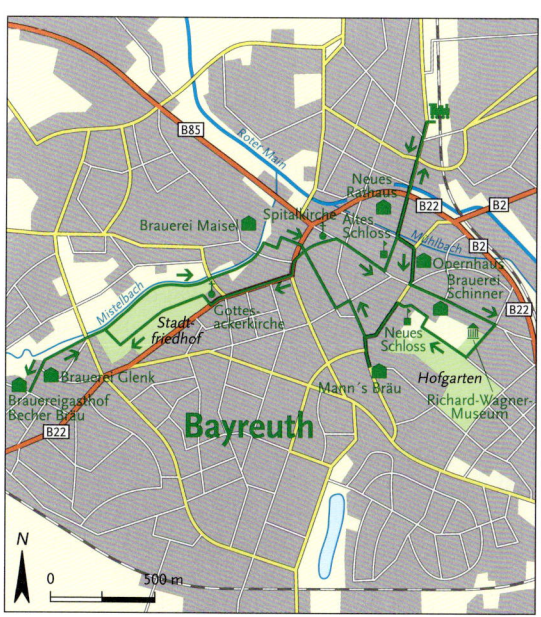

malige Wohnhaus Wagners zu und bleiben angemessen beeindruckt davor stehen. Heute beherbergt die Villa das Richard-Wagner-Museum. Neben einem restaurierten Salon sind u. a. auch Modelle alter Bühnenbilder zu sehen. Das Haus wurde bis in die 1960er-Jahre von der Familie Wagner bewohnt, wobei Wieland Wagner, der große Erneuerer der Festspiele nach dem Krieg und Enkel des Komponisten, im Haupthaus wohnte. Sein Bruder Wolfgang, der die Festspiele bis 2008 leitete, war anfangs im Gärtnerhaus untergekommen, das rechter Hand zu sehen ist, während die Mutter der beiden, Winifred, im Gästehaus linker Hand wohnte. Anscheinend stand es zwischen Winifred und ihrem Sohn Wieland nicht zum Besten, denn der Hausherr ließ einst zwischen dem Haupt- und dem Garten des Gästehauses (Rückseite) eine Mauer errichten, angeblich, damit er seine Mutter nicht sehen musste. Am Rande sei hierzu erwähnt, dass es Winifred war, die während der NS-Herrschaft Adolf Hitler hofierte und ihn stets zur Festspielzeit als persönlichen Gast im Gästehaus der Villa einquartierte. Dadurch erhielten die Festspiele eine politische Hypothek, die nach Kriegsende erst wieder abgetragen werden musste.

Am 1.09.2010 wurden die Pforten der Villa Wahnfried wegen »umfassender Renovierung und grundlegender Neugestaltung« für die Öffentlichkeit geschlossen; die Wiedereröffnung des Museums ist erst für das Jahr 2013 angesetzt. Während dieser wahnfriedlosen Zeit empfiehlt sich dem musikhistorisch Interessierten ein Besuch des benachbarten Franz-Liszt-Museums – es muss ja nicht immer Wagner sein.

Wir gehen weiter in den Garten der Villa, an dessen hinterem Ende Richard Wagner neben seiner Gattin Cosima begraben liegt. Links vom Grabmal befindet sich ein weiterer kleiner Grabstein. Hier wurde Wagners Lieblingshund »Russ« begraben. Rechts finden wir einen Durchgang zum Hofgarten, die nächste Station unseres Spaziergangs. Wir gehen im Hofgarten gleich rechts und auf das Neue Schloss zu. Die Anlage, ursprünglich ein Nutzgarten, wurde Ende des 17. Jahrhunderts zu einem Lustgarten umgebaut. Erneuert wurde er noch einmal 1753, und 1755 wurde der mittige Kanal als neue Hauptachse ausgehoben. Auf dem Weg zum Schloss finden wir rechter Hand sogleich das Deutsche Freimaurermuseum.

Welches der zahlreichen Museen zu besuchen ist, sei übrigens jeder Reisegruppe selbst überlassen. Man sollte aber nicht allen kulturellen Versuchungen erliegen, zumal an dieser Stelle erst ein Drittel des Weges bewältigt ist.

Schließlich kommen wir an der Rückseite des Schlosses an, wobei Ab- und Ausschweifungen in den Park natürlich machbar sind. Weiter geht es dann aber an der rechts liegenden Orangerie, wo einige der originalen Steinskulpturen des Hofgartens vor Witterungseinflüssen geschützt werden. Vor der Orangerie stehend, wenden wir uns nach links und kommen alsbald auf die Vorderseite des Schlosses. Errichtet wurde es zwischen 1753 und 1764 in mehreren Bauabschnitten, wobei bestehende Bauten teilweise einbezogen wurden. Letzter Bauabschnitt war das Italienische Palais ganz rechts und dessen Verbindung zum Südflügel. Auftraggeber war selbstredend die Markgräfin Wilhelmine bzw. ihr Gemahl Markgraf Friedrich. Auch das Neue Schloss beinhaltet reiche Schätze, darunter eine Staatsgemäldesammlung und die Bayreuther Fayencen sowie verschiedene Prunkräume wie das »Spiegelscherbenkabinett«.

»... so lechz' ich ...«

Wir befinden uns nun in der Ludwigstraße. Mit dem Neuen Schloss zur Linken schreiten wir voran, denn so langsam melden sich die Kehle und der Magen. Und man kann mit dem Bayreuther B-Promi Jean Paul mitfühlen, der schon auf dem Wege nach Bayreuth schrieb: »Ich wollte, mir würde von der ehrsamen Bierbräumeisterei ein Deputatus mit einem Schleifkännchen entgegengeschickt, auf halben Weg um mich zu empfangen, so lechz' ich ...« Wir passieren die Stadthalle, welche ehemals die Reithalle des Schlosses war, und befinden uns – passend – auf dem Jean-Paul-Platz mit einer Statue des Dichters in der Mitte. Diesen kreuzt die berühmte Friedrichstraße, auf der wir nach links gehen bis zur Nummer 23, wo wir auf das *Mann's Bräu* treffen.

Das Etablissement rühmt sich, die älteste Brauereigaststätte Bayreuths zu sein, wobei allerdings die Brauerei der Gebrüder Mann schon länger nicht mehr existiert. Das Gasthaus war für Jahrzehnte geschlossen bzw. in Händen ausländischer Pächter, bis vor Kurzem der Seniorchef der Bayreuther *Becher Bräu* der hoch-traditionellen Adresse neues Leben einhauchte. Extra für das *Mann's Bräu* wird ein dunkles Bier produziert, welches nur daselbst ausgeschenkt wird. Das Lokal gibt sich urig und gemütlich mit einem alten Kachelofen in der Mitte. Die Speisekarte ist nicht reichhaltig, aber das Essen ist gut und bodenständig (unerwartet zart z. B. die gegrillte Haxe mit Kraut). Hierher verirren sich nur wenige Touristen, wohingegen Einheimische der wiederbelebten Legende schon tagsüber gut zusprechen.

Frisch gestärkt betreten wir wieder die Friedrichstraße und gehen zurück zum Jean-Paul-Platz. Die Straße bietet ein einmalig geschlossenes Ensemble von barocken Bürgerhäusern und Palais. Im Humanistischen Gymnasium am Jean-Paul-Platz bzw. in der schräg gegenüberliegenden ehemaligen Propstei liegen die Anfänge der Universität Erlangen-Nürnberg. Im März 1742 eröffnete nämlich Markgraf Friedrich (selbstredend unterstützt von Wilhelmine) die »Academia Fridericana« und entsprach damit dem lang gehegten Wunsch, endlich eine protestantische Universität in Franken zu gründen. Dass der Markgraf nur kurze Zeit später, im April 1743, unter großem Applaus der Bayreuther Bürger die Academia nach Erlangen verlegte, war hauptsächlich dem äußerst rüpelhaften Benehmen der ersten 58 Studiosi geschuldet. Weiter hinten in der Friedrichstraße finden sich noch zwei ehemalige Wohnhäuser von Jean Paul und die Klavier- und Flügelmanufaktur Steingraeber im gleichnamigen Palais. Hier bzw. in einem Gebäude in der rückseitigen Dammallee werden noch heute hochwertige Klaviere und Flügel hergestellt. Die Dammallee erreichen wir durch die Steingraeber-Passage und halten uns rechts. Hier sind auch Reste der ehemaligen Stadtmauer zu erkennen. Wir folgen der Dammallee weiter, passieren mit der winzigen *Konditorei Händel* alsbald ein weiteres Kuriosum und finden uns kurz darauf am Anfang einer Fußgängerzone wieder. Es kreuzt die Maximilianstraße, wir gehen links und unterqueren den Hohenzollernring am Unteren Tor. Auf der anderen Seite halten wir uns wieder links und gehen die Erlanger Straße entlang. Nun wird es für kurze Zeit etwas weniger beschaulich, aber biermäßig interessant, denn nach einigen hundert Metern treffen wir links auf das sogenannte *Hotel Residenzschloss*. Allerdings handelt es sich bei dem Gebäude mitnichten um ein ehemaliges Schloss, sondern um das letzte erhaltene Kommunbrauhaus Bayreuths, was an dem langen, runden Schornstein noch gut zu erkennen ist. Damals, als Jean Paul sich nach Bayreuth veränderte, gab es viele solcher Braustätten in der Stadt, wo sich rund 200 Bierbrauer nach einer festgelegten Rei-

Wieder auferstanden: das traditionelle *Mann's Bräu* in der Friedrichstraße.

henfolge mit der Produktion abwechselten. Von hier ist es nur noch ein Steinwurf bis zum Stadtfriedhof, der an der nächsten Straßenecke beginnt. Wir betreten die Anlage durch das Tor bei der Gottesackerkirche und durchmessen den Friedhof auf dem Weg, der rechts an der Kirche vorbei geht. Alles was Rang und Namen hat – außer Richard und Cosima Wagner –, hat hier seine letzte Ruhestätte gefunden, darunter Franz Liszt, dessen Grabkapelle unweit der Kirche steht, oder unser steter Begleiter Jean Paul. Die Grabstätten sind jeweils ausgeschildert. Wir folgen der Längsachse durch den Friedhof, bis wir am anderen Ende auf die Abschlussmauer treffen. Hier gibt es einen Ausgang, nach dem wir uns auf einem geschotterten Weg rechts halten. Nach einem rot-weißen Gatter queren wir einen Spielplatz und sind nun am Mistelbach angelangt, an dessen Ufer ein asphaltierter Fuß- und Radweg verläuft. Wir gehen links.

»Wer von gutem Bier ein Liebhaber ist, kann sich hier laben ...«

... schrieb der königlich preußische Justizrat Gercken 1780 über Bayreuth. Wie bereits erwähnt, war die Zahl der Brauer damals noch erheblich größer, doch immerhin haben sich neben der Großbrauerei *Maisel*, die mit etlichen Nebenmarken heute den hiesigen Markt beherrscht, noch zwei kleine Braustätten erhalten. Um sie zu erreichen, folgen wir dem Mistelbach. Wir unterqueren eine Ringstraße, gehen nach etwa 200 Metern links in den Eichelweg hinein und treffen kurz darauf auf die *Brauerei Glenk*. Diese lädt aber nur bei warmem und schönem Wetter zur Einkehr, weil sie nur über einen Biergarten, nicht jedoch über einen Gasthof verfügt. Aus eigener Produktion gibt es ein Pils und ein leichtes Bier. Wem diese Auswahl nicht genügt oder wer gerne ein Dach über dem Kopf hätte, der geht ein kleines Stück weiter und kommt nach ca. 100 Metern halbrechts zum *Brauereigasthof Becher Bräu*. Nun hängt es davon ab, ob man es lieber geschniegelt oder authentisch hat. Die Wirtschaft ist definitiv keine Touristenadresse, bietet aber liebevollen, leicht angestaubten Retrocharme aus den Sechzigern. Wer mit echten Bayreuthern mal ein paar Worte wechseln will, der ist hier richtig, und wer ein gutes Bier zu schätzen weiß, sollte keinesfalls vorbeigehen. Im Sortiment gibt es ein hervorragendes Helles, das gleichzeitig süffig und würzig anmutet. Interessant ist auch das herbere junge »Kräußenpils« (Besonderheit: Es ist trüb). Für den Hunger stehen verschiedene kleine Gerichte (warm und kalt) auf der Karte.

Wir haben nun den Wendepunkt des Spaziergangs erreicht, gehen auf gleichem Wege zum Mistelbach zurück und folgen diesem in entgegengesetzter Richtung. Den Stadtfriedhof lassen wir nun aber rechts liegen. Dann überqueren wir bei einer schönen alten Sandsteinbrücke die Carl-Burger-Straße und gehen weiter am Bach entlang. Kurz darauf passieren wir einen neu errichteten Holzsteg und treffen dann, wieder bei einer Sandsteinbrücke, auf die Kulmbacher Straße. Hier sei der Vollständigkeit halber auf die Großbrauerei *Maisel* hingewiesen, deren Stammhaus sich etwa 200 Meter links im Anwesen Nummer 40 befindet, doch muss man, um ein Maisel-Bier zu trinken, nicht unbedingt nach Bayreuth fahren. Wessen Wissensdurst aber noch nicht gestillt ist, der kann einen Abstecher zu Maisel's Brauerei- und Büttnerei-Museum machen, wo auf 2400 Quadratmetern das umfangreichste Biermuseum der Welt eingerichtet wurde. Noch etwas weiter hinten können mit den »Aktien-Katakomben« ausgedehnte historische Felsenkeller besichtigt werden, die in früherer Zeit für die Bierproduktion und -lagerung äußerst wichtig waren. Gleich daneben betreibt die *Brauerei Maisel* mit dem *Herzogkeller* eine seit 1888 eingeführte Adresse, die den größten Biergarten der Stadt beheimatet.

Fortgesetzt wird die Tour weiter am Mistelbach. Kurz nach der Kulmbacher Straße biegen wir nach rechts in die Gerbergasse ein, gehen auf der Rückseite des Einkaufszentrums »Rotmain Center« an Parkplätzen entlang und auf einen rötlich gestrichenen Neubau zu. Hier gibt es einen schmalen Durchgang für Fußgänger; wer ihn verfehlt, kann auch weiter an der Rückseite des Einkaufszentrums entlanggehen. Wichtig ist, dass wir wieder auf den Hohenzollernring treffen, und zwar unweit der Unterführung, die wir in Richtung Stadtfriedhof genommen haben. Nun befinden wir uns an einer Fußgängerampel. Gegenüber ist es nur noch ein kleines Stück Weg, bis wir wieder auf die Maximilian- bzw. Maxstraße treffen (genau gegenüber der Dammallee).

»Nirgends anders, nur hier!«

Diesmal gehen wir aber links und erreichen alsbald den Bayreuther Marktplatz, der im Prinzip aus der etwas verbreiterten Maxstraße besteht. Nach der Spitalkirche halten wir uns rechts. Rechter Hand finden wir mit der Hausnummer 33 das Alte Rathaus. Es wurde in der ersten Hälfte des 17. Jahrhunderts erbaut und ab 1724 als Rathaus genutzt. Heute befindet sich darin das Bayreuther Kunstmuseum, das seinen Schwerpunkt auf die Kunst des 20. Jahrhunderts legt. Ein paar Meter weiter treffen wir rechter Hand auf die letzte große Attraktion unserer Tour: das Alte Schloss. Bereits im 14. Jahrhundert stand hier eine Burganlage, die in den folgenden Jahrhunderten mehrfach um- und ausgebaut wurde. 1565/66 wurde der nun zur Schlosskirche zählende Achteckturm nach einer Vorlage von Leonardo da Vinci errichtet (mit innen liegender Wendeltreppe und fast stufenloser Rampe). Das Schloss selbst wurde erst 1697 von Johann Leonhard Dientzenhofer endgültig vollendet. Bereits 1753 fiel es jedoch einem Brand zum Opfer, sodass das kunstsinnige markgräfliche Paar Friedrich und Wilhelmine ein neues Schloss bauen ließ. Wir betreten den dreiseitig umbauten Ehrenhof und stellen spätestens jetzt fest, dass der ehemalige Adelssitz heute das Finanzamt beherbergt. Bevor man aber panisch Reißaus nimmt, sollte man noch kurz die Medaillons an den drei Fronten eines Blickes würdigen.

Rechter Hand nehmen wir einen Durchgang, der uns vom Ehrenhof zum Harmoniehof mit der Schlosskirche führt. Die Kirche wurde gleichzeitig mit dem Neuen Schloss 1753/54 erbaut und beherbergt die von Gontard gestaltete Fürstengruft mit den Marmorsarkophagen der Markgräfin Wilhelmine, des Markgrafen Friedrich und ihrer Tochter Elisabeth Friederike. Dass die Kirche mittlerweile katholisch ist, tut der Ruhestätte der Fürstenfamilie sicher keinen Abbruch.

Vor der Kirche stehend links nehmen wir sodann eine Treppe, die uns durch die Schlossterrassen hindurch wieder hinunter zum La-Spezia-Platz führt. Von hier aus gehen wir auf gleichem Weg wie zu Beginn zum Bahnhof zurück und können dabei dann doch noch einige Gedanken an Richard Wagner verlieren. Ist es nicht merkwürdig, dass er im *Ring der Nibelungen* ausgiebig den Rhein besingen ließ, sich zur Verwirklichung seines Werkes aber mit den Worten »Nirgends anders, nur hier!« am Roten Main niederließ?

Veit Bronnenmeyer

Das Bier:
Schinner-Braustuben, Richard-Wagner-Straße 38, 95444 Bayreuth, Tel. 09 21/79 78-0, www.buergerbraeu-schinner.de, Mo–Sa 10.00–14.30 und 17.00–24.00, So 10.00–14.30. »Altbayreuther Braunbier«, Kellerbier, Pils, Helles, Weizen, Bock. Reichhaltige Speisenauswahl.

Brauereigaststätte Mann's Bräu, Friedrichstraße 23, 95444 Bayreuth, Tel. 09 21/1 63 89 88, tägl. ab 10.30. Kerniges, dunkles »Mann's Bier«, das nur für den Ausschank in der Gaststätte produziert wird. Außerdem »Kräußenpils«, Weizen und nach Saison Bock der *Brauerei Becher Bräu*. Bodenständige Nahrung in mittelgroßer Auswahl.

Brauerei Glenk, Eichelweg 9, 95445 Bayreuth, Tel. 09 21/75 71 90, www.glenk-braeu.de, Biergarten Mo–Fr ab 15.00 und Sa, So ab 14.00 bei schönem Wetter. Pils und Leichtes aus eigener Produktion.

Brauereigasthof Becher Bräu, St.-Nikolaus-Straße 25, 95445 Bayreuth, Tel. 09 21/6 89 93, www.becherbraeu.de, Mi–Mo ab 9.00, Di Ruhetag. Helles, Dunkles, Pils, »Kräußenpils« (jung und trüb), Festbier, Bock. Bratwürste, Fleischküchle und andere Verpflegung erhältlich.

Herzogkeller (Brauerei Gebr. Maisel KG), Hindenburgstraße 9, 95445 Bayreuth, Tel. 09 21/4 34 19, www.herzogkeller.de, www.maisel.com, Mai–Sept tägl. ab 16.00. Pils, Landbier, Zwickel, Hell, Weizen. Brotzeiten sowie fränkische und internationale Spezialitäten.

Informationen:
Tourist-Information, Luitpoldplatz 9, 95444 Bayreuth, Tel. 09 21/78 85-88, www.bayreuth.de.
Extras:
Richard-Wagner-Museum – Haus Wahnfried, Richard-Wagner-Straße 48, 95444 Bayreuth, Tel. 09 21/7 57 28 16, www.wagnermuseum.de, Apr–Okt tägl. 9.00–17.00, Di, Do bis 20.00, Nov–März 10.00–17.00.
Franz-Liszt-Museum, Wahnfriedstraße 9, 95444 Bayreuth, Tel. 09 21/5 16 64 88, Sept–Juni tägl. 10.00–12.00 und 14.00–17.00, Juli, Aug tägl. 10.00–17.00.
Deutsches Freimaurermuseum, Im Hofgarten 1, 95444 Bayreuth, Tel. 09 21/6 98 24, http://museum.freimaurer.org/willkomm.htm, Di–Fr 10.00–12.00 und 14.00–16.00, Sa 10.00–12.00, während der Festspielzeit tägl. 10.00–16.00.
Neues Schloss mit Staatsgemäldemuseum, Museum »Bayreuther Fayencen«, Sammlung »Rummel« und »Markgräfin Wilhelmine Museum«, Ludwigstraße, 95444 Bayreuth, Tel. 09 21/7 59 69 21, www.schloesser.bayern.de, Apr–Sept tägl. 9.00–18.00, Okt–März Di–So 10.00–16.00.
Maisel's Brauerei- und Büttnerei-Museum, Kulmbacher Straße 40, 95445 Bayreuth, Tel. 09 21/40 12 34, www.maisel.com/museum, Besichtigung nur mit Führung, Führungen tägl. um 14.00 oder nach Vereinbarung.
Aktien-Katakomben, Kulmbacher Straße 60, 95445 Bayreuth, Tel. 09 21/40 12 34, www.bayreuther-bier.de, Besichtigung nur mit Führung, Führungen Sa 16.00 oder nach Vereinbarung.
Eremitage, Tel. 09 21/7 59 69 37, www.schloesser.bayern.de, Apr–Sept 9.00–18.00, 1.–15. Okt 10.00–16.00, dann geschlossen, Park ganzjährig geöffnet.

Historische Parkanlage vor den Toren der Stadt mit dem »Alten Schloss« inkl. »Innerer Grotte« sowie dem »Neuen Schloss« mit Sonnentempel und Wasserspielen.

Literatur:
Mayer, Rückel: *Bayreuth: Ein Wegweiser mit 7 Rundgängen durch die Stadt und einigen Ausflügen in die Umgebung*, Bamberg 2009.

Mayer: *Geheimnisvolles Bayreuth: Kommen Sie mit auf eine Entdeckungsreise durch die Festspielstadt Bayreuth*, Gudensberg-Gleichen 2003.

Karte:
Falk-Stadtplan *Bayreuth*, Gratis-Stadtpläne gibt es in der Tourist-Information.

Aus Franken in die Welt 10

Tour: Größtenteils bequeme Radtour von Bamberg nach Buttenheim zum Levi-Strauss-Museum.
Länge: Ca. 25 km.
Dauer: Reine Fahrzeit 2 Stunden.
Familie: Der Hinweg nach Buttenheim verläuft am Main-Donau-Kanal entlang und ist leicht zu bewältigen. Lediglich auf dem Rückweg gibt es eine kurze Steigung. Das Levi-Strauss-Museum in Buttenheim ist sicher auch für Kinder interessant.
Saison: Frühjahr bis Herbst.
Variante: Als leichte Variante wäre denkbar: Bamberg-Buttenheim und auf dem gleichen Weg wieder zurück.
Anfahrt: *ÖPNV:* Mit der Bahn nach Bamberg (Fahrradmitnahme möglich).
Ausgangspunkt: Bahnhof in Bamberg.

Am Anfang immer geradeaus

Ganz so weit, wie es die Überschrift vermuten lässt, liegt das Ziel dieser Tour dann doch nicht entfernt. Wir radeln lediglich von Bamberg nach Buttenheim und besichtigen dort das Geburtshaus von Levi Strauss, dem Erfinder der Jeans. Diese blaue Hose allerdings hat wie nur wenige andere Produkte eine Reise um die Welt hinter sich. Während unseres Ausflugs stehen in Buttenheim und Hirschaid etliche gute Einkehrmöglichkeiten zur Wahl.

Vom Bamberger Bahnhof aus fahren wir geradeaus auf der Luitpoldstraße in Richtung Innenstadt. Wir erreichen die Luitpoldbrücke (Bogenbrücke), wechseln die Straßenseite und nehmen die Rampe hinunter zum Radweg am Adenauerufer. Mit dem Main-Donau-Kanal zu unserer Rechten fahren wir immer geradeaus zur Schleuse Bamberg. Wir überqueren die Straße, aber nicht den Kanal, wenden uns nach links und gleich wieder nach rechts, dem Straßenschild »Am Sendelbach« folgend. Ab jetzt geht es zunächst auf Teer, dann auf Schotter immer geradeaus knapp unterhalb bzw. entlang der Wasserstraße bis zur Schleuse Strullendorf. Hier müssen wir absteigen und die Fahrräder einige Stufen zur Straße über die Schleuse hinauf tragen. Danach fahren wir auf der rechten Seite des Kanals weiter nach Hirschaid (Wegweiser Radweg Forchheim). Dort angekommen, nehmen wir nicht den Radweg hinauf Richtung Innenstadt, sondern bleiben dicht am Wasser. Der Kanal wird schließlich in Altendorf überquert, die betreffende Brücke hat ein knallblaues Geländer. Im Ort folgen wir der Beschilderung nach Buttenheim. Dort biegen wir hinter der Kirche rechts ab und erreichen unser Ziel, die Marktstraße.

Die Ursprünge der blauen Hose

Etwa eine Stunde ist seit Beginn der Tour am Bamberger Bahnhof vergangen – da sollte noch genug Energie vorhanden sein für einen unvermuteten touristischen Höhepunkt: Ein kleines Fachwerkhaus in der Marktstraße 33 beherbergt das Levi-Strauss-Museum. Der Erfinder der Bluejeans wurde 1829 in Buttenheim geboren und verbrachte seine ersten 18 Lebensjahre hier in Oberfranken. »1847 wanderte die Familie in die Vereinigten Staaten aus«, liest man normalerweise. Aha.

In Wirklichkeit steckt hinter diesem Satz ein langer, mühsamer Prozess, dessen erhellende Einzelheiten das Museum dem Besucher sehr anschaulich vermittelt. Wir bekommen am Eingang einen Audioguide und lassen Levi selbst zu uns sprechen. Er erzählt uns vom Behördenweg, der mit der Auswanderung verbunden war. Zunächst hatten die potenziellen Auswanderer nachzuweisen, dass sie sich die Reise und den Neustart in der Fremde finanziell leisten konnten. Viele mussten dazu den gesamten Besitz veräußern. Danach war eine Kaution für die Armenkasse der Heimatgemeinde zu leisten, für den Fall, dass die Ausgewanderten doch irgendwann wieder mittellos zu Hause auftauchten. Erst nach diesem langwierigen Verfahren bekam die Familie Strauss am 14.6.1847 die Erlaubnis zur Auswanderung – die erst einmal mit einer zehntägigen Kutschfahrt nach Bremen begann.

In Amerika angekommen erlernte Loeb Strauss bei seinen Brüdern in New York den Beruf des Kurzwaren- und Tuchhändlers, amerikanisierte seinen Vornamen, schwor schließlich 1853 seinen Eid auf die Verfassung und wurde so amerikanischer Staatsbürger. Im März desselben Jahres traf Levi Strauss in San Francisco ein, denn es erschien ihm ein einleuchtender Gedanke, dass Goldgräber strapazierfähige Hosen brauchten. Sein Fall zeigt, dass häufig nicht die Goldgräber, sondern die Geschäftsleute die Gewinner des Goldrauschs waren. Er ist außerdem ein Beispiel für die Verwirklichung des »American Dream«.

Neben der Biografie Levis im Speziellen erfährt man in der Ausstellung auch etwas über das Leben und Arbeiten der fränkischen Landjuden im Allgemeinen. Weitere Aspekte sind die Textilgeschichte der Jeans und ihre soziokulturelle Bedeutung sowie die Anfänge der Bekleidungsindustrie. Am Ende ist man einerseits wohlinformiert, fühlt sich aber andererseits fast ein wenig als Angehöriger einer zu bewerbenden Zielgruppe. Man tappst im Radlergewand aus der Ausstellung und ist reif für den Souvenir- und natürlich Jeansshop, der nach dem Umbau gleich nebenan einziehen wird.

Löwe oder *St. Georgen*

Schräg gegenüber in der Marktstraße hat man zwei Möglichkeiten, seiner »Biergierde« (T. Kapielski) gerecht zu werden: die *Brauereigaststätte Löwenbräu* und das *St. Georgenbräu Bräu-*

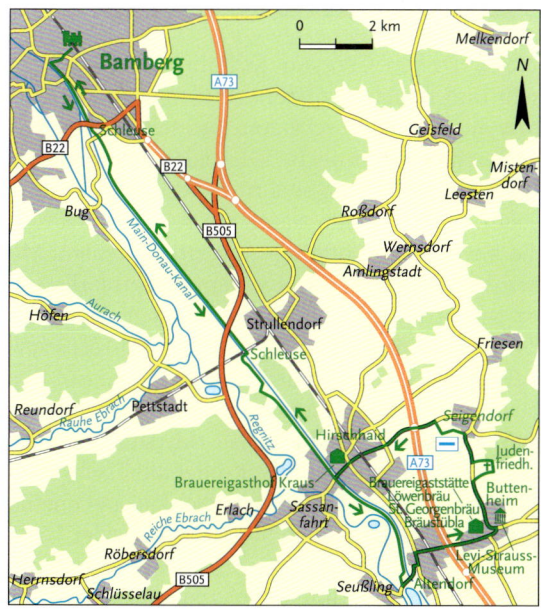

Das Levi-Strauss-Museum in Buttenheim.

stübla. Das St. Georgen Kellerbier dürfte allgemein bekannt sein und findet besonders bei denen Anklang, die eine herbe bzw. hopfige Note schätzen. Das Keller vom Nachbarn *Löwenbräu* schmeckt ähnlich. Bei beiden Brauereien kann man bei schönem Wetter angenehm vor dem Haus sitzen. Wohin also gehen? Wildgerichte wären ein Argument für den *Löwenbräu*, die Karpfen sind hier wie dort zu empfehlen. Möchte man die Mahlzeit allerdings mit einem Kellerbierbrand beschließen, ist wiederum das *Bräustübla* angesagt. Hier serviert man aus der Flasche auch das pilsähnliche »Levi-Bier« sowie das dunkle »Zimbus«, angelehnt an die Comicserie mit dem Ritter Zimbus von Döllnitz. Geschmacklich gibt es wenig Grund, letzteres dem Keller vorzuziehen, aber der Drachentöter auf dem Etikett unterhält vielleicht die Kinder am Tisch. Die Bierkeller beider Brauereien befinden sich ebenfalls nebeneinander. Möchte man sie besuchen, braucht man nur aus der Tür eines der Gasthäuser zu treten, sich nach rechts zu wenden und dann der Kellerstraße aus Buttenheim hinaus zu folgen. An der ersten

Kreuzung hinter dem Ortsschild hat man dann erneut die Qual der Wahl – aber es gibt ja nicht viel falsch zu machen.

Von der Buttenheimer Hauptstraße aus folgen wir der Beschilderung nach Seigendorf. Etwa einen Kilometer nach dem Ort geht vor dem Anstieg eine durchgehend geteerte Straße nach rechts ab. Wir folgen ihr bergauf und sehen links am Waldrand in der Flur »Gratzau« den Buttenheimer Judenfriedhof liegen. 1931 wurden bei einer Friedhofsschändung etliche Grabsteine zerstört, doch gute 250 existieren noch. Levis Vater Hirsch Strauss liegt hier begraben, und obwohl der Friedhof von einer Mauer umgeben ist, lohnt sich ein Abstecher. Vielleicht ist nach dem Anstieg ohnehin eine kleine Pause willkommen. Fährt man um den Friedhof herum, bringt einen der Feldweg wieder zurück zur Straße nach Seigendorf.

Sind wird dort angekommen, biegen wir gleich am Ortseingang nach links ab (Markierung »blauer Querstrich«), fahren zunächst bergab und treffen nach einer Rechtskurve auf eine größere Straße. Wir fahren wieder links und können dabei den Radweg benutzen. Er bringt uns, es geht immer geradeaus, nach Hirschaid hinein. Wir unterqueren die Bahngleise und überqueren die Kreuzung im Ortszentrum. Bald taucht zur Rechten der *Brauereigasthof Kraus* auf. Hier locken Wildgerichte, Brotzeiten aus eigener Metzgerei sowie der hauseigene rauchige »Hirschentrunk«.

Vom Gasthaus aus geht es nach rechts über die Kanalbrücke, dann hinunter auf den Radweg, der uns auf der bekannten Route nach Bamberg zurückbringt.

Martin Weirauch

Das Bier:
Löwenbräu Buttenheim, Marktstraße 8, 96155 Buttenheim, Tel. 0 95 45/3 32, www.loewenbraeu-buttenheim.de, Di–So ab 9.00, Mittagstisch Di-Sa 11.00–14.30, Abendessen 16.30–21.00, So Mittagstisch 11.00–15.00, Mo Ruhetag, Keller tägl. ab 11.00, So ab 10.00, Sept–Apr Di, Mi Ruhetag, Mai–Aug Di Ruhetag. Vollbier, Lager, Pils, Keller-Leicht, Festbier, Bock (saisonal).
St. Georgenbräu Bräustübla, Marktstraße 12, 96155 Buttenheim, Tel. 0 95 45/44 6-0, www.kellerbier.de, tägl. ab 10.30,

Di Ruhetag, Keller bei schönem Wetter Mo–Sa ab 14.00, So, Fei ab 11.00, kein Ruhetag. Pils, Helles, Kellerbier, Weizen, Landbier, Goldmärzen, »Levi-Bier«, »Zimbus«.
Brauereigasthof Kraus, Luitpoldstraße 11, 96114 Hirschaid, Tel. 0 95 43/8 44 40, www.brauerei-kraus.de, tägl. 8.00–24.00, Di Ruhetag. Lager, Pils, Hefeweizen, Leicht, »Hirschentrunk«.

Informationen:
Markt Buttenheim, Hauptstraße 15, 96155 Buttenheim, Tel. 0 95 45/9 22 20.
Levi-Strauss-Museum, Marktstraße 33, 96155 Buttenheim, Tel. 0 95 45/44 26 02 oder 4 40 99 36, www.levi-strauss-museum.de, Di, Do 14.00–18.00, Sa, So, Fei 11.00–17.00, Gruppen auch nach Vereinbarung.
Karte:
Fritsch Wanderkarte Nr. 66, *Bamberg/Forchheim.*

Vom Schlosshof zum Gasthof

11

Tour: Bequeme Radtour zum Schloss Seehof und über Merkendorf zurück nach Bamberg.
Länge: Ca. 25 km.
Dauer: Reine Fahrzeit 1,5–2 Stunden.
Familie: Die Tour ist nicht anstrengend und auch für Kinder zu bewältigen.
Saison: Radlsaison.
Besonderheiten: Möglichkeit zur Besichtigung von Schloss Seehof.
Variante: Als Kurzvariante wäre denkbar: Bamberg–Seehof und zurück.
Anfahrt: *ÖPNV*: Mit der Bahn nach Bamberg (Fahrradmitnahme möglich).
Ausgangspunkt: Bahnhof in Bamberg.

Ein kurzer Weg ins Grüne

Selbst wenn die Stadt Bamberg heißt, im Sommer drängt es einen hinaus aufs Land. Die Luft ist gesünder, Wälder hat's und Fischweiher.

So denkt heute der Ausflügler, und so ähnlich dachte der Bamberger Fürstbischof Marquard Sebastian Schenk von Stauffenberg (1683–1693) schon vor über 300 Jahren. Beide treffen sich auf dieser kleinen Radtour, die zunächst zum Schloss Seehof führt. Ohne Schweiß radelt man dann über Drosendorf und Merkendorf in die Domstadt zurück. Anstrengend ist allein die Auswahl der Einkehr.

Vom Bamberger Bahnhof aus wenden wir uns auf der Ludwigstraße nach rechts, biegen dann die zweite Straße rechts ab und unterqueren die Bahngleise. Auf der Memmelsdorfer Straße fahren wir stadtauswärts. Nach dem Berliner Ring wechseln wir auf den Radweg links der Straße. Es ist eine entspannte Fahrt aus der Stadt hinaus, lediglich beim Überqueren der Autobahnauffahrten zur A73 sollte man etwas Vorsicht walten lassen. Bald schon sieht man die vier schiefergedeckten Turmhauben von Schloss Seehof.

Vorbild für die 1687 begonnene »Marquardsburg« war das Aschaffenburger Schloss mit seinen charakteristischen Ecktürmen. Die Bamberger Fürstbischöfe nutzten das in der reizvollen Gegend um Memmelsdorf gelegene Schloss Seehof als Sommersitz. Hier wurde einerseits Politik gemacht, andererseits gab man sich den Freuden des fürstlichen »Landlebens« hin: Der Jagd in erster Linie, aber auch Konzerte, Theatervorstellungen und Gesellschaftsspiele waren beliebt.

Der Schauplatz dafür war der Garten, der das Schloss umgab. Die Fürstbischöfe Lothar Franz von Schönborn (1693–1729) und Adam Friedrich von Seinheim (1757–1779) fügten dem Park Brunnen, Kaskaden, ein Labyrinth und ein Heckentheater hinzu.

In Ansätzen ist es heute noch erkennbar: Die etwa 600 mal 350 Meter messende, durch drei Hauptachsen in sechs gleich große Quadrate geteilte Gesamtanlage stellte in ihrer Glanzzeit ein Monument absolutistischen Herrschaftsdenkens dar. Der Fürstbischof beherrschte die Natur, schaffte es augenscheinlich sogar, auch dem Wasser seinen Willen aufzuzwingen. Die Figur des Herkules, die die Kaskade dominiert, ist als Allegorie auf den Bauherrn zu sehen.

Audienz beim Fürstbischof

Zum Verweilen im Park bei Sonnenschein oder im Café in der Orangerie bei Himbeerkuchen kann man dem Besucher uneingeschränkt raten. Genauso lohnt es sich, an einer Führung durch das Innere des Schlosses teilzunehmen. Dabei gibt es natürlich kunstgeschichtliche Höhepunkte zu sehen; das Deckengemälde im Weißen Saal stammt vom kurmainzischen Hofmaler Joseph Ignaz Appiani (1706–1785). Es wird aber ebenso vieles geklärt, was vielleicht auch Kinder zu interessieren vermag: Warum wirkt des Fürstbischofs Bett kleiner als es ist? Warum sollte ein Herrscher möglichst feist sein? Und wohin mit dem Nachttopf des ersten Gesandten?

Im Anschluss geht es auf der Hauptstraße durch Memmelsdorf hindurch. Schon hier gäbe es mit dem *Brauereigasthof Drei Kronen* und dem *Brauereigasthof Höhn* zwei Rastmöglichkeiten. Ist schon Zeit für eine Einkehr? Wir raten (subjektiv), der Beschilderung nach Drosendorf zu folgen. Dort angekommen, entscheiden wir uns am Ortseingang für einen kopfsteingepflasterten Rad- bzw. Fußweg, der nach links abzweigt. Wo er endet, sehen wir schräg rechts gegenüber den *Brauereigasthof Göller* liegen, seit 1865 im Familienbesitz. Einen überdachten Innenhof an der Straße gibt es hier ebenso wie einen Biergarten mit Spielplatz. Letzterer bestand 2010 seit 25 Jahren, Grund genug für ein Jubiläumsbier, die Maß für 2,50 Euro (!), solange der Vorrat reicht. Die *Brauerei Göller* erzeugt mehrmals im Jahr Spezialitäten: am Tag des Bieres (23. April) z. B. das »Görgla«, außerdem »Höpfla«, Urstoff und Bock. Die Bedienung berät Sie gerne, insgesamt bemüht man sich hier sehr um den Gast.

Rückweg über Merkendorf

Treten wir aus dem Innenhof auf die Straße, sehen wir rechts in der Ferne Gügel und Giechburg liegen. Wir fahren aber geradeaus am Feuerwehrhaus vorbei Richtung Merkendorf und wechseln dabei am Ortsausgang auf den Radweg links. Nach kurzer Fahrt entlang der Felder erreichen wir Merkendorf und haben nun die Wahl. Rechts im Ort liegt der *Brauereigasthof Hummel* (mit Brotzeiten aus eigener Schlachtung) bzw. eine Abzweigung weiter der *Hummelkeller*. Dies ist besonders für

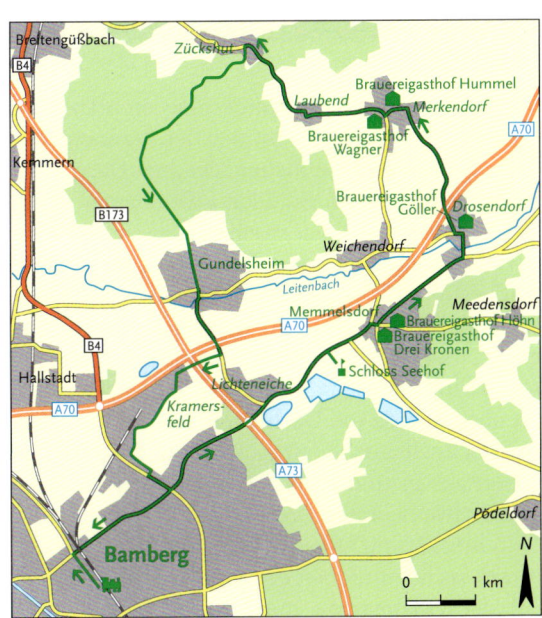

Schloss Seehof und seine Brunnenanlage.

Rauch- und Bockbierfreunde eine empfehlenswerte Adresse. Links von der Kirche findet sich der *Brauereigasthof Wagner*. Das dort ausgeschenkte »Richard-Wagner-Dunkel« wurde von der Fachpresse mit dem Prädikat »Weltklasse« versehen. Tests vor Ort konnten dies tendenziell bestätigen, ergaben jedoch auch, dass Wagners Lagerbier ebenfalls einfach köstlich schmeckt. Am besten wird es im Garten hinter dem Haus genossen, während die Kinder sich auf dem angrenzenden Spielplatz vergnügen. Unter dem Eichenbaum vor der Haustür sitzt man auch sehr schön, selbst dann, wenn die Spatzen ein Stockwerk weiter oben gerade die Dachrinne ausräumen. Hier kommt man auch schnell mit Stammgästen ins Gespräch. Jeden Samstag reisen sie an und loben besonders den Wagner'schen Sauer- und Schweinebraten.

Kehrt man nicht beim Wagner ein, so hält man sich vor der Kirche rechts und folgt der Straße nach Laubend. Der Ort wird auf der Hauptstraße durchquert, danach führt der Radweg rechts der Straße nach Zückshut. Hier heißt es etwas aufpassen, denn wir kommen mit Schwung in den Ort hinein, müssen aber nach einer Rechtskurve links in die Waldwiesenstraße abbiegen. Diese verengt sich zu einer kleinen Teerstraße, kurz darauf zweigt nach links ein Waldweg ab (Radrundweg BA 14 Richtung Weichendorf). Jetzt führt unsere Tour durch schattigen Wald. Eine erste Abzweigung kann ignoriert werden, bei der zweiten fahren wir nicht weiter nach links Richtung Weichendorf, sondern geradeaus, stets bergab nach Gundelsheim. Hier immer geradeaus und an der Hauptstraße der Beschilderung nach Bamberg-Lichteneiche folgen. Am Ortsausgang von Gundelsheim wechseln wir auf den Radweg links der Straße und biegen dann gleich nach der Überquerung der A73 nach rechts ab (Bamberg-Hirschknock). Dieser Radweg bringt uns nach Bamberg zurück, am Stadtrand stoßen wir auf den Berliner Ring, dem wir nach links folgen. Die erste Kreuzung ist dann schon wieder die Memmelsdorfer Straße, nach rechts geht's zurück zum Bahnhof.

Was bleibt? Wir sind auf der Tour nicht unbedingt weit gefahren, aber Architektur und Gastronomie waren fürstlich.

Martin Weirauch

Das Bier:
Brauereigasthof Drei Kronen, **Hauptstraße 19, 96117 Memmelsdorf, Tel. 09 51/94 43 30, www.drei-kronen.de, tägl. ab 9.00, Ruhetag von So 15.00–Mo 15.00, warme Küche von 11.30–14.00 und 17.30–21.00, wenn Mo Feiertag, dann kein Ruhetag. Lager, Pils, Weizen, Bock (saisonal), »Stöffla« (Kellerrauchbier, sehr zu empfehlen, vielleicht sollte man hier doch schon anhalten?).**
Brauereigasthof Göller, **Scheßlitzer Straße 7, 96117 Memmelsdorf-Drosendorf, Tel. 0 95 05/17 45, Di–So ab 9.00 (Gaststätte und vorderer Biergarten), hinterer Biergarten ab 14.30, Mo Ruhetag, falls Mo Feiertag, Di Ruhetag. Urstoff, Lager, Pils, Weizen, saisonale Spezialitäten.**
Brauereigasthof Höhn, **Hauptstraße 11, 96117 Memmelsdorf, Tel. 09 51/40 61 40, www.gasthof-hoehn.de, tägl. ab 8.00, Di Ruhetag, warme Küche 12.00–14.00 und 17.00–21.30, So bis 21.00. »Görchla-Bier« (naturtrübes, unfiltriertes Landbier), Bock (saisonal).**

Brauereigasthof Drei Kronen.

Brauereigasthof Hummel, Lindenstraße 9, 96117 Memmelsdorf-Merkendorf, Tel. 0 95 42/12 47, www.brauerei-hummel.de, werktags ab 9.00, So, Fei 9.00–12.00 (Frühschoppen) und ab 15.00, Di Ruhetag. *Hummelskeller* werktags ab 17.00, So, Fei ab 15.00, Mi Ruhetag. Pils, Keller, Weizen, Märzen, Festbier, Schwarzbier, Rauchbier, diverse saisonale Spezialitäten.

Brauerei Wagner, Pointstraße 1, 96117 Memmelsdorf/Merkendorf, Tel. 0 95 42/6 20, www.wagner-merkendorf.de, tägl. ab 9.00, warme Küche 11.30–14.00 und 16.30–21.00, So nur Mittagstisch, Mo Ruhetag. Pils, Lager, Festbier, Dunkles, Weizen, Märzen.

Informationen:
Rathaus Memmelsdorf, Rathausplatz 1, 96117 Memmelsdorf, www.memmelsdorf.de.

Schloss und Park Seehof, 96117 Memmelsdorf, Tel. 09 51/40 95 71, Apr–Okt 9.00–18.00, Mo geschlossen, Nov–März geschlossen, Garten frei zugänglich, Schlossbesichtigung mit Führung (ca. 35 Minuten), Wasserspiele von Mai bis 7. Okt tägl. von 10.00–17.00 zu jeder vollen Stunde.

Karte:
Fritsch Wanderkarte Nr. 55, *Bamberg/Forchheim.*

Zum Lachen auf den Keller 12

Tour: Radtour von Bamberg nach Roßdorf und Geisfeld.
Länge: 20 km.
Dauer: Reine Fahrzeit 1,5 Stunden.
Familie: Die Strecke ist für ältere Kinder zu bewältigen, auf den Kellern sind Spielplätze vorhanden.
Saison: Sommer, wenn man auf dem Keller sitzen kann.
Variante: Als kürzere Variante mit dem Rad wäre die Route von Bamberg nach Geisfeld und zurück denkbar. Eine Möglichkeit für den Sonntagsspaziergang wäre der Waldweg vom Parkplatz »Oberjägers Marter« nach Roßdorf und zurück (insgesamt 2 Stunden Gehzeit).
Anfahrt: *ÖPNV*: Mit der Bahn nach Bamberg (Fahrradmitnahme möglich).
Ausgangspunkt: Bahnhof in Bamberg.

Raus aus der Stadt

Das ist das Besondere an Bierfranken: Die fast überall vorhandene Möglichkeit, draußen vor der Stadt an den schönsten Orten im Grünen dem Gerstensaft zuzusprechen. Dort, so schrieb der Bierforscher Michael Rudolf einst, gehe der Franke, »wenn schon nicht zum Lachen, so doch zum Biertrinken *auf* den Keller«. Bei unserer Tour radeln wir von Bamberg aus nach Roßdorf und Geisfeld auf die Keller, und zwar auf zwei der allerschönsten. Dem Bierfreund wird dort garantiert zum Lachen zumute sein.

Der Bamberger Bahnhof ist unser Ausgangspunkt. Wir fahren die Luitpoldstraße ein Stück hinunter, bis vor der Brücke die Königstraße kreuzt. Hier heißt es links abbiegen und, wie das Navi sagt, »dem Straßenverlauf folgen«, bis wir nach etwa einem Kilometer die Bahngleise unterqueren. Jetzt nicht rechts, sondern geradeaus weiter, und wir befinden uns in der Geisfelder Straße. Sie führt uns über den Berliner Ring hinaus, rechts liegen Kasernengebäude. Jetzt geht es raus aus der Stadt, wir nehmen den Radweg links der Straße, die Autobahn wird überquert, rechts und links umgibt uns bereits der Hauptsmoorwald. Einen Kilometer nach der Autobahnbrücke

Für den Radler sehr empfehlenswert ist der *Brauereigasthof Sauer*.

erreichen wir auf unserem Radweg links der Straße den Wanderparkplatz »Oberjägers Marter«. Links am Wegeck findet sich eine im 18. Jahrhundert errichtete steinerne Säule, die damals Treffpunkt der fürstbischöflichen Jagdgesellschaften war. In Stein gemeißelt ist hier das betende Bamberger Kaiserpaar Heinrich und Kunigunde zu sehen.

An dieser Stelle gibt es mehrere Abzweigungen, wir halten uns weiter geradeaus entlang der Straße, biegen dann jedoch nicht mit dem Wegweiser nach Strullendorf ab, sondern überqueren erst 100 Meter später hinter dem Sendlbach vorsichtig die Geisfelder Straße.

Hier nehmen wir den breiten Forstweg geradeaus in den Hauptsmoorwald hinein (Markierung »Rennsteig« bzw. »grünes Kreuz«). Einen Kilometer später kommen wir an eine größere Kreuzung. Wir halten uns links und radeln dann immer auf diesem Waldweg weiter, Abzweigungen nach links oder Einmündungen von rechts ignorierend. Bald tritt der Weg aus dem Wald, und wir sehen die Häuser von Roßdorf.

Felsenkeller und Sommerbier

In der Ortsmitte schickt uns ein Wegweiser durch eine kleine Gasse nach rechts »Zum Felsenkeller«, den die *Brauerei Sauer* verpachtet hat. Dieser ist klein, aber sehr fein, er hat einen

Spielplatz und man sitzt im Grünen oberhalb des Bachs. Gereicht werden die üblichen warmen Speisen und kalte Brotzeiten sowie täglich wechselnde Gerichte. Hier kann man wunderbar einen oder mehrere Sommertage verträumen.

Fährt man nicht nach rechts zum Keller, sondern geradeaus weiter, gelangt man am Ortsende links zum *Brauereigasthof Sauer*. Seit sechs Generationen wird hier Bier gebraut, und es ist eigentlich egal, ob man sich für ein Pils, ein Braunbier, ein Weizen oder – am bekanntesten – ein unfiltriertes Lager entscheidet. Sämtliche Produkte der *Brauerei Sauer* sind ein Genuss. Am Haus findet man neben einem kleinen Biergarten auch die Antwort auf die Frage, was Radler trinken können, die kein Radler mögen! Das »Sommerbier«, das die *Brauerei Sauer* in den warmen Monaten ausschenkt, schmeckt angenehm frisch und hat vor allem nur drei Prozent Alkohol – eine sinnvolle Wahl für Verkehrsteilnehmer.

Hin zum schönen *Griess-Keller*

Nehmen wir nun an, es ist uns gelungen, uns vom *Brauereigasthof Sauer* loszureißen. Folgen wir jetzt der Straße weiter

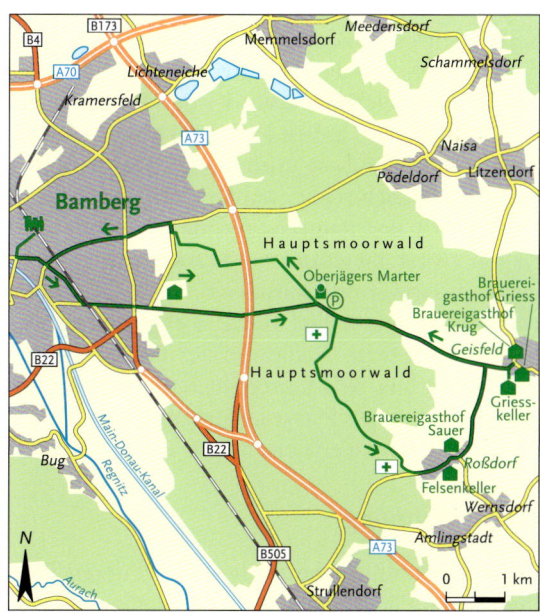

aus dem Ort hinaus, so gelangen wir nach wenigen Kilometern nach Geisfeld, einer weiteren Bieridylle im Bamberger Umland. Der *Brauereigasthof Griess* findet sich rechts am Ortseingang. Hier dominieren kalte Brotzeiten die in Deutsch und Englisch verfasste Speisekarte. Wir sollten gleich von der Brauerei aus den Wegweisern folgen und uns im *Griess-Keller* ein Seidla Kellerbier schmecken lassen. Die 1995 eröffnete, stufige Anlage bietet die perfekte Idylle in einem fast toskanisch anmutenden Wiesengrund. Steht man am Schanktresen an, dann berührt einen angenehm der Luftzug aus dem Kühlgewölbe, und man denkt sich: Eine schönere Umgebung für Biergenuss im Freien ist nur schwer zu finden.

In der Ortsmitte liegt außerdem der *Brauereigasthof Krug*, dessen angenehm traditionelle Atmosphäre Fans und Fachliteratur zu Recht hervorheben. In der Wirtstube stehen z. B. zur Osterzeit nicht etwa irgendwelche Kunstblumen, sondern echte Narzissen auf dem Tisch. Vieles im Inneren des alten Fachwerkhauses wirkt im positiven Sinn »wie früher«. Zwei Sorten Bier gibt's, und die Speisekarte bietet Brotzeiten aus eigener Hausschlachtung. Freitags findet man sich zum Schnitzeltag ein – mit hausgemachtem Kartoffelsalat.

Wo auch immer man in Geisfeld eingekehrt ist, anschließend geht es locker und leicht bergab, zunächst immer auf dem Radweg parallel zur Straße nach Bamberg. Im Hauptsmoorwald erreichen wir wieder den Wanderparkplatz »Oberjägers Marter« und haben jetzt zwei Möglichkeiten: Wir können entweder den Hinweg zurück nach Bamberg nehmen oder die Forststraße nach rechts wählen. Im zweiten Fall führt uns die Markierung des Radwegs (grünes Fahrrad) auf breiten Waldwegen weiter, biegt unterwegs aber mehrmals ab. Da heißt es langsam fahren und aufpassen, besonders wenn es schon etwas dunkel sein sollte! Der Radweg unterquert die Autobahn und erreicht beim Stadion in der Pödeldorfer Straße Bamberger Stadtgebiet. Wir fahren stadteinwärts und wechseln beim Stadionbad in die Starkenfeldstraße über. Bald sehen wir auf der Brücke über die Gleise rechts den Bahnhof liegen.

Letzte Mahnung

»Du denkst offensichtlich, bei einer kurzen Tagestour braucht man kein Flickzeug«, sagt der Radler, der zufällig vorbeikommt. Immerhin ist er stehen geblieben, um dem Gestrandeten auszuhelfen. Deshalb hier noch mal der kurze Hinweis: Lassen Sie es so weit nicht kommen. Lieber entspannt auf dem Keller sitzen als missmutig durch den Wald schieben. Denn dabei vergeht einem das Lachen garantiert.

Martin Weirauch

Das Bier:
Brauereigasthof Griess, Magdalenenstraße 6, 96129 Strullendorf-Geisfeld, Tel. 0 95 05/16 24, www.brauerei-griess.de, Mo–Fr 15.00–22.00, Sa, So 10.00–22.00, Mi Ruhetag. Naturtrübes Kellerbier vom Fass, Pils, Hefeweizen, Biergarten im Hof, Brauereibesichtigung und Braukurse (nur Di) nach Absprache möglich.
Griess-Keller, Kellerweg 9, 96129 Strullendorf Geisfeld, Tel. 01 71/7 92 73 15, Mo–Sa 16.30–23.00, So 14.00–23.00 (bei gutem Wetter).
Brauerei Krug, Alte Dorfstraße 11, 96129 Strullendorf-Geisfeld. Tel. 0 95 05/4 84, www.brauerei-krug.de, tägl. ab 16.00, Sa ab 14.00, So, Fei nach der Messe ca. 10.15, Di Ruhetag. Helles und Dunkles vom Fass.
Brauereigasthof Sauer, Sutte 5, 96129 Roßdorf am Forst, Tel. 0 95 43/15 78, www.brauerei-sauer.de, www.rossdorfer-felsenkeller.de, tägl. ab 11.00, warme Küche täglich 11.30–14.00 und 16.00–21.00, Mo Ruhetag. Felsenkeller bei schönem Wetter ab 15.00, So ab 11.00. Lager (unfiltriert, hefetrüb) und Braunbier vom Fass, Hefeweizen, Pils, heller Bock (nach Saison), Sommerbier.

Informationen:
Gemeindeverwaltung Strullendorf, Forchheimer Straße 32, 96129 Strullendorf, Tel. 0 95 43/8 22 6-0.
Literatur:
Rudolf: *2000 Biere. Der endgültige Atlas für die ganze Bierwelt.* Münster 2005.
Karte:
Fritsch Wanderkarte Nr. 66, *Bamberg/Forchheim.*

13 Rekordverdächtiger Steigerwald

> **Tour:** Schöne Genussrunde in der Steigerwälder »Bierecke« um Burgebrach.
> **Länge:** 10 km.
> **Dauer:** Reine Gehzeit ca. 3 Stunden.
> **Familie:** Für Kinder geeignet und bis auf kurze Passagen auch kinderfahrradtauglich.
> **Saison:** Die Tour ist zur Biergartensaison am schönsten.
> **Besonderheiten:** Es herrscht hohe Brauereidichte auf engem Raum.
> **Variante:** An der ersten T-Kreuzung nach der Marienkapelle kann man auch nach rechts gehen und den Waldspaziergang etwa 30 Minuten ausdehnen (Markierungen »Wildschwein« und »Main-Donau-Weg«).
> **Anfahrt:** *Kfz:* Auf der A3 Richtung Würzburg, Ausfahrt Pommersfelden, dann Richtung Höchstadt und Burgebrach oder auf der A73 Richtung Bamberg, Ausfahrt Bamberg Süd, dann auf der B22 Richtung Stegaurach und Burgebrach.
> **Ausgangspunkt:** Der *Brauereigasthof Schwan* in der Ortsmitte von Burgebrach.

Drei Brauereien ...

Die größte Brauereidichte der Welt hat laut *Guinnessbuch der Rekorde* die Gemeinde Aufseß in der Fränkischen Schweiz – mit 1 500 Einwohnern und vier Braustätten.

Blickt man aber auf eine Karte des östlichen Steigerwalds, wohin man schnell gelangt, wenn man von Bamberg aus nach Westen aufbricht, und informiert man sich über die örtliche Gastronomie, dann kommen einem bezüglich des Rekords allerdings ein paar Zweifel: Auch dort reiht sich eine Brauerei an die andere! Die Gemeinden Burgebrach, Schönbrunn, Lisberg und Priesendorf nennen sich sogar gemeinschaftlich »Bierecke« und werben mit der »vielleicht größten Brauereidichte der Welt«. Auch einen markierten Bierweg gibt es, der von Weisbrunn in Unterfranken bis nach Ampferbach führt.

Genussrunde um Burgebrach

Wer auch immer nun der Rekordhalter ist, zweifellos haben wir es hier mit einem weiteren fränkischen Bierparadies zu tun. Um den Überfluss ein wenig zu bändigen, beschränken wir unsere Tour auf das Gemeindegebiet von Burgebrach bzw. auf drei der Brauereien, die sich dort im Umkreis (noch) befinden. Die komfortable Genussrunde führt uns dabei durch die Wälder und Fluren rund um das Tal der Rauhen und Mittleren Ebrach, wo unterschiedliche Biergeschmäcker bestens bedient werden.

Startpunkt ist der *Brauereigasthof Schwan*, einer der ältesten im Landkreis Bamberg. Er liegt in der Ortsmitte von Burgebrach. Wir gehen von hier aus zunächst die Burgebracher Hauptstraße entlang und durch den Torbogen des Rathauses hindurch, danach nehmen wir den Fußweg nach rechts. Nach etwa 300 Metern – an der Kirche sind wir schon vorbei – überqueren wir die Mittlere Ebrach auf der Brücke nach links. 100 Meter später, bei der Figur des Heiligen Josephs, biegen wir rechts ab und folgen der Straße nach Grasmannsdorf.

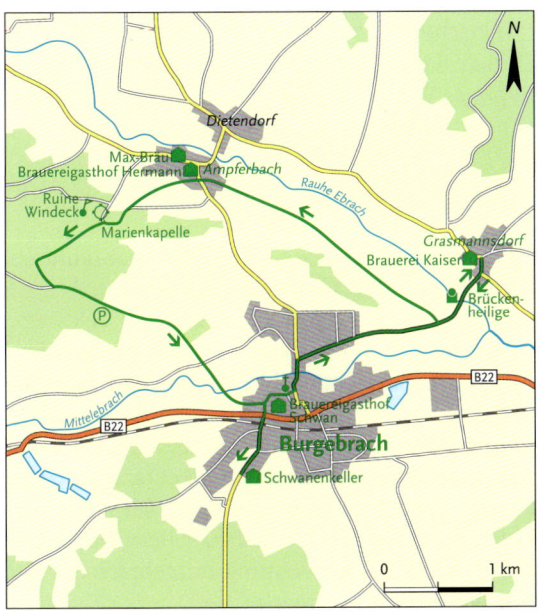

... und sieben Brückenheilige

Kurz vor dem Ort stoßen wir auf die alte Brücke über die Rauhe Ebrach. Sie besteht heute nur noch als Straße, ist als hölzernes Bauwerk aber seit dem Mittelalter belegt. Wer damals von Bamberg nach Würzburg reiste, der kam hier vorbei. Das war mit Wegzoll verbunden, und auch mit Gefahren. Brücken waren bedrohte Konstruktionen und den Naturgewalten bzw. dem Treiben von Hexen und Wassergeistern ausgesetzt. Da kann himmlischer Beistand nicht schaden, und so wachte seit dem 12. Jahrhundert eine Nikolausstatue über das Bauwerk.

Die Gefahren scheinen im Lauf der Zeit nicht kleiner geworden zu sein, denn im 18. Jahrhundert erhielt Nikolaus Gesellschaft, als die siebenköpfige Reihe der Grasmannsdorfer Brückenheiligen entstand, denen der Wanderer heute begegnet. Die Heiligen sind nicht zufällig gewählt, jeder von ihnen repräsentiert ein Stück Heimatgeschichte: St. Kilian z. B. ist der Schutzheilige des Bistums Würzburg, St. Vitus der Patron der Pfarrei Burgebrach. Daneben ist der heilige Kaiser Heinrich zu sehen, der einst das Bistum Bamberg gründete.

Gleich im Ort links liegt die Grasmannsdorfer *Brauerei Kaiser,* die ein herbes Pils erzeugt. Dazu gibt es in authentischer fränkischer Wirtshausatmosphäre hausgemachte Brotzeiten. In den Sommermonaten braut man auch ein ebenfalls recht hopfiges Weizen, das dann im kleinen, gemütlichen Biergarten vor dem Haus genossen werden kann.

Auf nach Ampferbach

Gestärkt von der Einkehr gehen wir anschließend wieder zurück aus dem Ort hinaus, grüßen nochmals die Reihe der Heiligen und biegen dann rechts auf den Feldweg ab. Nach zwei Kilometern Weg durch das Tal der Rauhen Ebrach erreichen wir Ampferbach. Im Ort biegen wir zweimal rechts ab und stehen damit vor der nächsten Einkehrmöglichkeit, dem *Brauereigasthof Herrmann*. In diesem typisch fränkischen Familienbetrieb fehlt es dem Wanderer an nichts. Die Brotzeiten stammen aus der Hausschlachtung, Kellerbier und Urstoff brauchen überhaupt keine Vergleiche zu scheuen und im Sommer lockt am Ortsausgang in Richtung Burgebrach der Keller.

Auch der heilige Wolfgang wacht über die Grasmannsdorfer Brücke.

Und dann – gibt es in der Ampferbacher Hauptstraße noch den *Max-Bräu*. Was kursieren über den nicht für Geschichten! In Kreisen Bamberger Studenten erzählte man sich einst, die Lagerfässer würden mit halluzinogenen Pilzen ausgerieben, um des Bieres außergewöhnliche Wirkung zu erzeugen. Das hätten die Herren Akademiker wohl gern. Tatsache ist: Im Winterhalbjahr ist der *Max-Bräu* an drei Abenden in der Woche ein Tipp für denjenigen, der sehr starkes Bier und äußerst würzige Hähnchen in familiärer Atmosphäre schätzt und jemanden hat, der ihn hinfährt. Für den Wanderer kann im Sommer der direkt neben dem *Herrmann-Keller* gelegene *Max-Keller* ein lohnendes Ziel sein. Gebraut wird das Max'sche Bier dieser Tage im Übrigen von der *Brauerei Zehendner* in Mönchsambach.

Wer die Rast in Ampferbach auslassen will, der überquert gleich bei der Ankunft im Ort die Straße und folgt der Windeckstraße, von der nach wenigen Metern ein schmaler Hohlweg abgeht. Er ist, wie sich bald zeigt, an beiden Seiten von alten Lagerkellern gesäumt, zieht sich den Hang hinauf und gelangt oberhalb von Ampferbach auf freies Feld. Von da an halten wir einfach auf den Waldrand gegenüber zu und erreichen schnell einen gepflasterten Weg. Wir folgen ihm nach rechts. Bald taucht er in den Wald ein, steigt etwas an und gelangt kurze Zeit später zur Marienkapelle, die an einer Wegkreuzung liegt.

Es lohnt sich, hier einen Abstecher zur Ruine Windeck zu machen. Der kleine Rundweg beginnt am entsprechenden Wegweiser rechts von der Kapelle. Wir folgen der Markierung mit dem Specht nach rechts oben in den Wald. Der Specht führt uns in der Folge nach links, rechts fällt der Hang steil ab, und schließlich stoßen wir links auf einen Graben, den ehemaligen Burgwall, der hier im Waldboden noch zu erkennen ist. Mauerreste sind von der im 12. Jahrhundert entstandenen Burganlage keine mehr zu sehen. Windeck zerfiel bereits im 16. Jahrhundert und soll den Ampferbachern beim Häuserbau als Steinbruch gedient haben. Gehen wir im Graben des Burgwalls nach links weiter, stoßen wir auf einen Gedenkstein. Er erinnert an die letzte Besitzerin Ursula von Windeck, die um 1475 ohne Erben starb und um die sich etliche Legenden ranken. So soll sie früher als Weiße Jungfrau verirrten Wanderern den Weg gezeigt haben.

Vom Gedenkstein aus verlassen wir den Graben nach rechts und steigen wieder hinunter zur Kapelle. Der ganze Rundweg dauert etwa zehn Minuten.

Zum Schluss zum *Schwan*

Wir nehmen nun den Weg an der Rückseite der Kapelle, links neben dem Baum mit dem Wegweiser zur Ruine. Er führt uns durch schönsten Mischwald bergab. Bei der nächsten T-Kreuzung wenden wir uns nach links und folgen dabei dem Wegweiser »Wanderparkplatz«, der uns auch bei der nächsten Abzweigung nach links weist. Schließlich passieren wir den Parkplatz und gehen einfach immer geradeaus weiter. Der Waldweg wird zum Teerweg, bald kommt die Kirche von Burgebrach in Sicht. Wir erreichen den Ort schließlich auf der Würzburger Straße. Wo diese auf die Treppendorfer Straße trifft, ist ein forschender Blick zum Himmel angebracht. Bei »günstigem Wetter« (vgl. Schild am Kellereingang) geht es nach rechts bergauf, der gehissten Schwanenfahne entgegen, zum *Schwanenkeller*. Hier serviert man ein umfangreiches Sortiment kalter Brotzeiten, aber auch warme Gerichte wie Ochsenbrust mit Kloß und Schäuferla zu günstigen Preisen. Um auf die erfolgreiche Wanderung anzustoßen, bieten sich das tadellose Kellerbier vom Fass, die Schwanenweiße aus der Flasche oder Rauchbier aus Bamberg an.

Ist das Wetter nicht kellertauglich oder lockt gerade die Karpfensaison, dann gehen wir nach links und erreichen, wieder durch den Torbogen des Rathauses, unseren Ausgangspunkt, den *Brauereigasthof Schwan*. Dessen Fischgerichte sind über die Region hinaus bekannt. Den Gastraum prägen hohe Decken, hohe Fenster mit Spitzbogen und dunkles Holz. Hier kommt im Überschwang der Wanderung durch die »Bierecke« vielleicht der Gedanke zur Sprache, dass auch Mönchsambach noch zur Gemeinde Burgebrach gehört. Das wäre dann ein Grund für eine weitere Genussrunde oder doch für einen Hinweis an die Leute vom *Guinnessbuch*.

Martin Weirauch

Das Bier:
Brauereigasthof Schwan, Hauptstraße 16, 96138 Burgebrach, Tel. 0 95 46/3 06, www.schwanawirt.de, Mo–Fr ab 15.30, Sa ab 11.00, So ab 9.00, Di Ruhetag (wenn Keller geöffnet, dann Gasthof geschlossen, Keller kein Ruhetag). Kellerbier, Hefeweizen, Lager, Pils, Hell, Bock (saisonal).
Brauerei Kaiser, Grasmannsdorf 9, 96138 Burgebrach, Tel. 0 95 46/ 3 90, www.brauerei-kaiser.de, Di–Fr ab 8.00, Sa 8.00–18.00, So 9.30–12.00 und ab 14.00, Mo Ruhetag. Pils, Weizen (im Sommer), Bock, Starkbier, Festbier (saisonal).
Brauereigasthof Herrmann, Brückenstraße 3, 96138 Ampferbach, Tel. 0 95 46/3 72, tägl. ab 9.00 (wenn Keller ab 14.00 geöffnet, dann Gasthof geschlossen), Di Ruhetag. Kellerbier, Urstoff hell, Hefeweizen, Bock (saisonal).
Max-Bräu Ampferbach, Hauptstraße 25, 96138 Ampferbach, Tel. 0 95 46/17 25, Di ab 18.00, Fr ab 17.00, Sa ab 16.00, So, Mo, Mi, Do Ruhetag.
Max-Keller, in der Saison Di ab 17.00, Sa ab 16.00, So, Fei ab 15.00, Mo, Mi, Do, Fr geschlossen.

Informationen:
VG Burgebrach – Tourismusinformation, Hauptstraße 1–3, 96138 Burgebrach, Tel. 0 95 46/9416-0.
Karte:
Fritsch Wanderkarte Nr. 67, *Naturpark Steigerwald*.

14 Durch Laubwald zum Lagerbier

> **Tour:** Rundwanderung im südlichen Steigerwald von Mönchsambach nach Schönbrunn und zurück.
> **Länge:** Ca. 14 km.
> **Dauer:** Reine Gehzeit 3,5–4 Stunden.
> **Familie:** Für Familien geeignet.
> **Saison:** Die Wanderung ist am schönsten im Herbst. Im Winter ist das Wegstück von der »Hohen Straße« hinunter zum Wanderweg nach Schönbrunn schlecht zu begehen.
> **Variante:** Möglich ist ein Abstecher nach Zettmannsdorf zum *Brauereigasthof Seelmann-Bräu*. Hierfür geht man auf dem Hinweg im Wald am Wegweiser »St.-Anna-Kapelle« geradeaus weiter und auf demselben Weg wieder zurück.
> **Anfahrt:** *Kfz:* Auf der A3 Richtung Würzburg, Ausfahrt Pommersfelden, dann Richtung Höchstadt, Burgebrach und Mönchsambach oder auf der A73 Richtung Bamberg, Ausfahrt Bamberg-Süd, dann auf der B22 Richtung Stegaurach, Burgebrach und Mönchsambach.
> **Ausgangspunkt:** Ortsmitte von Mönchsambach.

Auf ein Neues im Steigerwald

Der Leser wird sich vielleicht einer anderen Stelle in diesem Buch entsinnen (in Tour 13). Da sitzen die Ausflügler am Ende einer entspannten Genussrunde durch den »rekordverdächtigen Steigerwald« zufrieden im *Gasthof Schwan* zu Burgebrach. Sie haben gerade richtig Lust bekommen, weiter durch die hiesigen Wälder zu wandern und dabei dort einzukehren, wo es sich lohnt.

Die Chance dafür bietet sich ganz in der Nähe, denn nur wenige Kilometer von Burgebrach entfernt liegt Mönchsambach. Von hier aus führt unsere Wanderung durch einsamen Wald zur St.-Anna-Kapelle, nach Schönbrunn und zurück nach Mönchsambach. Dort wartet dann ein Lager, und was für eines!

Am Ortsausgang von Mönchsambach in Richtung Ebrach folgen wir dem geteerten Radweg rechts der Straße und wandern auf der abzweigenden Straße nach Wolfsbach. Hier biegen wir an der Kirche und dann an der kleinen Kapelle am Weiher jeweils rechts ab. Bei der nächsten Gabelung halten wir uns links, die Straße wird zum Weg, der etwas später ansteigt und in den Wald eintritt. Wir gehen auf dem Hauptweg immer geradeaus, an einer Gabelung folgen wir bald darauf nach rechts der Markierung mit dem Bierkrug. Schön ist die Wanderung durch den Steigerwald, schön und idyllisch. Auch bei bestem Wanderwetter im goldensten Herbst trifft man hier oft keinen Menschen.

Einen kurzen Anstieg später erreichen wir die »Hohe Straße«, einen breiten Forstweg. Er verläuft auf dem Rücken der bewaldeten Hügel zwischen den Tälern der Mittleren und Rauhen Ebrach.

Wir überqueren die Hohe Straße und gehen direkt gegenüber auf dem Trampelpfad bergab. Hier heißt es aufpassen, wohin man tritt! Das Gelände ist kurzfristig etwas steil und unwegsam. Schon nach 300 Metern erreichen wir aber wieder

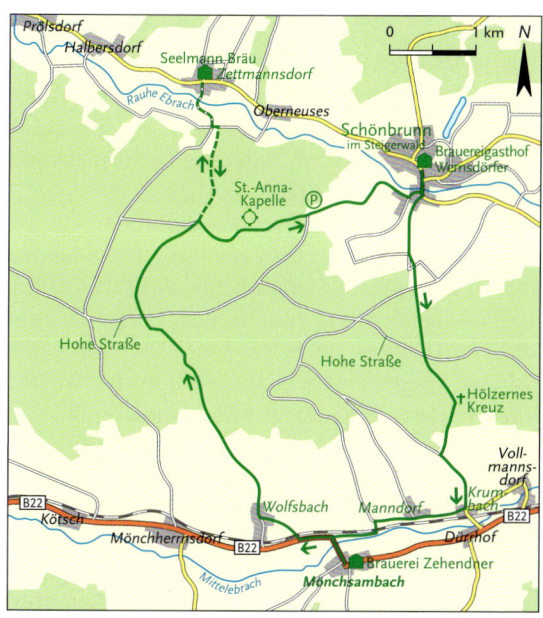

einen festen Waldweg. Wir folgen ihm geradeaus und stoßen bei der zweiten Abzweigung auf den Wegweiser zur St.-Anna-Kapelle.

An dieser Stelle wäre ein Abstecher nach Zettmannsdorf möglich. Der Weg dorthin führt geradeaus, den *Gasthof Seelmann-Bräu* in der Ortsmitte erreicht man nach etwa einer halben Stunde.

Einkehr in Schönbrunn

Lassen wir den Abstecher aus, dann gehen wir hier nach rechts und leicht bergauf. An der nächsten Kreuzung liegt links nach nur wenigen Metern die St.-Anna-Kapelle im Wald. Die Bänke davor bieten eine schöne Rastmöglichkeit, nach der wir zurück auf den Hauptweg gehen und den Wegweisern nach Schönbrunn folgen. Wir passieren einen Wanderparkplatz und erreichen auf dem mittlerweile geteerten Weg Schönbrunn. Wir halten uns im Ort links und überqueren die Brücke über die Rauhe Ebrach. Rechts neben der Kirche findet sich der *Brauereigasthof Wernsdörfer »Zum Lips«*. Hier ist das Wernsdörfer Landbier zu haben, das zwar noch nach eigenem Rezept, aber nicht mehr in der eigenen Brauerei hergestellt wird. Dennoch ist der Wernsdörfer eine sehr empfehlenswerte Einkehrmöglichkeit. Der Service ist freundlich und die Auswahl an Fisch- und Bratengerichten auf der Karte reichhaltig. Man bedenke, dass es am Ende der Wanderung in Mönchsambach nur kalte Brotzeiten gibt!

Vom Gasthof aus gehen wir durch den Ort zurück über die Brücke und sehen rechts der Straße ein Wegkreuz. Wir folgen ab hier dem »Main-Donau-Weg«, er führt uns links vom Kreuz bergauf aus dem Ort hinaus, auf freies Feld und wieder bergab bis zu einem Hochsitz. Am Waldrand wandern wir bergauf und umgehen nach 200 Metern das Waldeck nach links. Nach kurzem Weg am Waldrand entlang tauchen wir schließlich wieder in den Wald ein. Während dieses und des folgenden Wegabschnitts heißt es aufpassen! Die Markierungen des Main-Donau-Wegs weisen uns die Richtung, haben aber wirklich schon bessere Zeiten gesehen und sind teilweise schwer zu erkennen. Nach einem Kilometer samt Anstieg und Abzweigungen stoßen wir schließlich erneut auf die Hohe Straße bzw.

In Mönchsambach wartet leckerstes Lager.

den Steigerwald-Radweg. Wir überqueren ihn, verlassen damit den Main-Donau-Weg und gehen auf dem geschotterten Waldweg geradeaus. Kurz darauf folgen wir an einer Kreuzung dem Wegweiser zum Hölzernen Kreuz. Dort angekommen gehen wir hinter dem Kreuz im Hohlweg rechts und sofort wieder links. Ein unmarkierter Pfad bringt uns in kurzer Zeit wieder aus dem Wald. Der Ausblick ins Tal öffnet sich, wir wandern bergab. Auf einem betonierten Weg gehen wir weiter, an einer Gabelung links und schließlich am Grundstück eines Bauunternehmens vorbei nach Krumbach. Dort im Ort biegen wir rechts ab in Richtung Manndorf und Mönchsambach.

Spektakel unterm Storchennest

Zur Linken liegt jetzt der Talgrund der Mittleren Ebrach. Wir passieren feuchte Wiesen und Brachflächen mit Schilf. Ein Storch, denkt man sich beim Wandern, würde hier gut ins Bild passen. Und mit etwas Glück kommt auch gleich einer geflogen, immerhin thront in der Ortsmitte von Mönchsambach ein Storchennest – auf dem Sudhaus der *Brauerei Zehendner*. Hier brüten die schönen Vögel regelmäßig, es sei denn, sie haben gerade einen Scheidungskrieg ausgetragen. In diesen seltenen Fällen überträgt die Webcam nur ein leeres Nest auf die Homepage der Brauerei.

Spektakulär ist auch, was zu Füßen des Storchennestes stattfindet, denn der *Braucreigasthof Zehendner* ist wirklich ein Ort zum Wohlfühlen. Die Stube verströmt die Atmosphäre des fränkischen Dorfwirtshauses, im Hausflur steht ein Fass mit Mönchsambacher Lager. Bei diesem handelt es sich um ein ganz hervorragendes, rundes Bier. Unfiltriert wie alle Mönchsambacher Biere und von unaufdringlichem, freundlichem Hopfen geprägt lohnt es wirklich jeden Anmarsch.

Speisen gibt es fast nur kalte, sie sind auf einer Tafel zwischen Bierfass und Küche aufgelistet. Der Gerupfte, das Dosenfleisch und die Bratwürste mit Kraut finden aber allesamt verdienten Beifall bei den Gästen. Außerdem, dies noch zu Protokoll, reicht man zur Brotzeit hier selbstgebackenes Brot – wo gibt es das sonst? Der Innenhof der Brauerei ist eine Mischung aus Bier- und Bauerngarten. An der Wirtshausmauer sitzen die Gäste, an der Brauhausmauer stapeln sich die Kästen, dazwischen blüht's. Am Nebentisch betuscheln Touristen ungläubig die Preise und beim Aufbruch beneiden alle den knuffigen Mönch auf dem Bierdeckel. Der darf bleiben.

Martin Weirauch

Das Bier:
***Brauerei Zehendner**,* Mönchsambach 18, 96138 Burgebrach, Tel. 0 95 46/3 80, www.moenchsambacher.de, tägl. 9.00–24.00, Mo Ruhetag. Export, Lager, Weizen, Bock (saisonal).
***Gasthof Seelmann-Bräu**,* Zettmannsdorfer Hauptstraße 18, 96185 Schönbrunn-Zettmannsdorf, Tel. 0 95 46/59 59 90, www.brauerei-seelmann.de, Fr, Sa ab 16.00, So ab 10.00. Unfiltriertes Lager.
***Brauereigasthof Wernsdörfer »Zum Lips«**,* Obere Bachgasse 5, 96185 Schönbrunn, Tel. 0 95 46/3 89, www.brauerei-wernsdoerfer.de, tägl. ab 9.30. Di Ruhetag, Mi ab 17.00 geschlossen. Wernsdörfer Bier vom Fass.

Informationen:
VG Burgebrach, Tourismusinformation, Hauptstraße 1–3, 96138 Burgebrach, Tel. 0 95 46/9 41 6-0.
Karte:
Fritsch Wanderkarte Nr. 67, *Naturpark Steigerwald.*

Über die Höhen 15

Tour: Rundweg ab Gunzendorf über die Höhen und Hochflächen des Senftenbergs, Höhebergs und Kautschenbergs.
Länge: Ca. 13 km.
Dauer: Ca. 3,5 Stunden.
Familie: Der Weg ist für Familien gut geeignet.
Saison: Ganzjährige Wanderung; auf den ausgesetzten Hochflächen ist es natürlich im Sommer etwas heißer, im Winter etwas zugiger. Zur Karpfensaison ist der *Brauereigasthof Sauer* ein lohnendes Ziel.
Variante: Auf der Hochfläche des Kautschenbergs mit dem »gelben Kreis« links über Götzendorf und Drügendorf zurück zur Wanderrunde. Die *Brauereigaststätte Först* in Drügendorf ist eine besonders urige Einkehr mit einer weithin bekannten fränkischen Brotzeitplatte.
Anfahrt: *Kfz:* Auf der A73 bis Ausfahrt Buttenheim, ca. 7 km bis Gunzendorf. *ÖPNV:* Mo–Fr: Mit der Regionalbahn R2 bis Buttenheim, weiter mit dem Bus 980. Am Wochenende keine Busverbindung.

Eine Runde über Senftenberg, Höheberg und Kautschenberg

Wir starten am *Brauereigasthof Sauer*. Ein Schild mit der Aufschrift »Tanzpalast, Live Bands, Disco« fällt uns ins Auge. Das ist nicht als Tanztee mit »rechts, links, Tipp, rechts, Seit', Schluss« misszuverstehen – vielmehr dominieren bei den Veranstaltungen eher Musikrichtungen wie Trash-, Dark-, Speed-Metal. Das hat andererseits den Vorteil, dass diese Veranstaltungen auch mit Wanderschuhen besucht werden könnten. Theoretisch. Aber keine Angst, diese Konzerte am Wochenende finden nicht in der Wirtsstube statt.

Wir wollen ohnehin zunächst wandern, wenden uns mit dem »roten Querstrich« in Richtung Kirche und überqueren kurz darauf die Verbindungsstraße nach Buttenheim. Der *Felsenkeller Senftenberg* ist hier bereits ausgeschrieben. Auf Teer steigen wir zunächst leicht bergan und sehen die Senftenberger Kapelle vor uns liegen.

Der Weg zum Keller zweigt dann nach links ab, unsere Markierung weist uns aber geradeaus den Kreuzweg zur Kapelle hinauf. Einen gepflasterten Weg überqueren wir einfach, ein Türchen steht offen und hindert uns nicht am Aufstieg entlang des Kreuzwegs.

Von der Kapelle aus haben wir einen wunderbaren Blick zurück ins Tal. Am Fuß der Mauer entlang gehen wir rechts an der Kapelle vorbei und durchqueren kurz darauf, indem wir uns links halten, einen Hof.

Hier finden wir auch unsere Wandermarkierung wieder und erreichen nach kurzer Zeit den wunderbaren *Senftenberger Felsenkeller*, durch den unser Wanderweg hindurch führt. Es fällt schwer, hier nicht kurz zu verweilen, angesichts der vielen einladenden Tische, die verstreut an den Felsen, unter Bäumen und vor den Kellern stehen.

Nun geht es bergan, dem »roten Querstrich« weiter folgend, durch einen Hohlweg, und wir erreichen mit dem Senftenberg unsere erste Höhe. Auf dem schönen Wanderweg wechseln sich nun Lichtungen, Wiesenpfade und Waldstücke ab.

Schließlich stößt deutlich ausmarkiert von links die Markierung »blauer Querstrich« zu uns. Mit ihr und dem Wegweiser nach Frankendorf wandern wir nach rechts weiter.

Der Weg senkt sich nun durch einen Hohlweg hinab vom Senftenberg. Eine Rechtsabzweigung ignorieren wir und halten uns links. Wieder passieren wir in den Fels geschlagene Bierkeller.

Dann liegt das schöne Frankendorf vor uns. 31 unter Denkmalschutz stehende Fachwerkhäuser geben dem Dorf einen besonderen Charakter und machten Frankendorf 1981 beim Wettbewerb »Unser Dorf soll schöner werden« zum Bundessieger. Wir wandern darauf zu.

Auf dem Höheberg

An der Dorfstraße halten wir uns rechts, direkt hinter der Kirche geht es wieder nach links aus dem Dorf hinaus. Zunächst steigen wir ein Stück auf einer Teerstraße bergan. In der zweiten Kurve verlassen wir die Straße mit dem »blauen Querstrich« gut markiert nach rechts in einen Hohlweg, der steil bergauf durch den Wald führt.

Wir erreichen die Platte des Höhebergs an einer Teerstraße und halten uns etwa zehn Meter nach rechts. Dem zweiten Weg nach links folgen wir. Die Markierung ist hier im Sommer etwas eingewachsen und manchmal nicht gut zu finden. Der gepflasterte Feldweg führt nun immer geradeaus, vorbei an einem kleinen Flugplatz. Vor uns ist deutlich eine Hochspannungsleitung zu erkennen, die uns als Orientierungspunkt dient. Ehe wir diese erreichen, ignorieren wir alle Abzweigungen nach links oder rechts.

Nach etwa einem Kilometer beschreibt unser Feldweg eine Linkskurve. Wir haben uns an dieser Stelle bis auf einige Meter der Stromleitung genähert. Hier führt uns ein unmarkierter Schotterweg gut sichtbar nach rechts weg, und wir unterqueren die Hochspannungsleitung. Nach etwa 100 Metern biegen wir an einer T-Kreuzung erneut nach rechts ab, unterqueren nochmals die Hochspannungsleitung und halten uns nun auf diesem Weg. Wir wandern leicht bergab in den Wald hinein und erreichen eine Kreuzung. Der »grüne Senkrechtstrich« stößt hier von links zu uns, wir laufen mit ihm geradeaus weiter. Am Waldrand und an Feldern entlang führt der Weg nun stets ge-

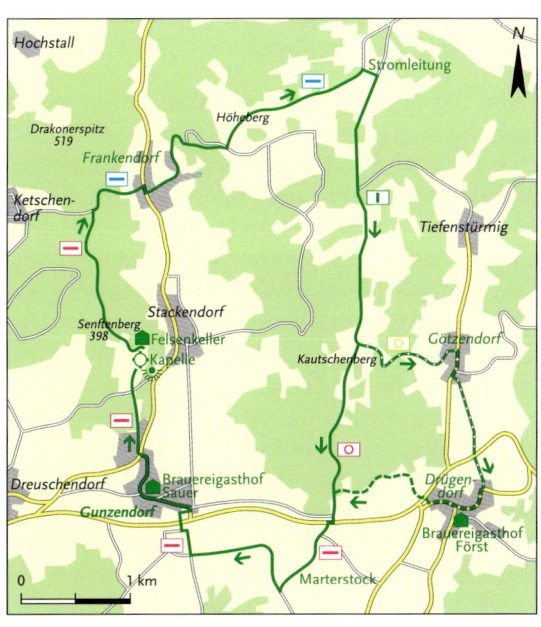

Fachwerk in Frankendorf.

radeaus auf der Höhe. Linker Hand sehen wir nach einer Weile Burg Feuerstein.

Auf dem Kautschenberg

Dann zweigt ein Weg mit der Markierung »gelber Kreis« nach links Richtung Drügendorf ab (Variante). Der lohnende Abstecher nach Drügendorf ist etwa vier Kilometer lang und bietet zwei Barockkirchen und eine urige Einkehr bei der *Brauerei Först*. Eine zusätzliche Stunde muss man bei der ohnehin recht langen Wanderung aber einkalkulieren. Wir halten uns weiter geradeaus, jetzt auf einem Feldweg. Nun wandern wir auf der Höhe des Kautschenberg. Am Ende der Hochfläche führt der Weg geradeaus bergab durch einen Buchenwald. Eine Markierung (in diesem Fall der »rote Kreis«) finden wir nach etwa 100 Metern wieder. Wir erreichen die Verbindungsstraße zwischen Buttenheim und Drügendorf, die wir kurz rechtshaltend überqueren. Auf einem geteerten Feldweg gegenüber finden wir bald den »grünen Senkrechtstrich« wieder. An einem alten Marterstock halten wir uns geradeaus und ignorieren die Markierung. Nach etwa 200 Metern macht unser Weg eine Rechtskurve, und von links stößt ein Feldweg zu uns. Ab hier führt uns der »rote Waagrechtstrich« zurück nach Gunzendorf. Wir wandern auf eine Scheune zu und in einer Linkskurve an ihr vorbei. Nun sehen wir Gunzendorf schon vor uns liegen. Ein letztes Mal rechts und kurz vor dem Ort links. Hier führt eine Brücke über die vielbefahrene Landstraße.

Der Sauer macht lustig

Der *Brauereigasthof Sauer* hat gleich zwei Traditionen. Zum einen ist mit »Gunzendorf live« eine »Traditionslocation« für allerlei harte Musikstile im Haus, bei der am Wochenende so richtig der Hammer rausgeholt wird. Zum anderen gibt es räumlich getrennt den Gasthof. Gemeinsam haben beide Lokalitäten das gute Gunzendorfer Lagerbier.

Die traditionsreiche Brauerei bietet zudem eine schöne regionale Speisekarte mit allerlei aus dem Ofen. Empfehlenswert ist darüber hinaus auf alle Fälle der Karpfen.

Reinhard Weirauch

Das Bier:
Felsenkeller Senftenberg, Senftenberg 1, 96155 Gunzendorf,
  Tel 0 95 45/7 06 93; Mo–Fr ab 16.30 (nur bei schönem Wetter), Sa, So, Fei ab 13.00 (bei jedem Wetter).
Brauereigasthof Sauer, Jurastraße 30, 96155 Gunzendorf, Tel.
  0 95 45/35 99 38, www.brauereigasthof-sauer.de, Do–Sa 17.00–22.30, So 10.30–22.30, Mo, Di, Mi Ruhetag.
Brauereigaststätte Först, Drügendorf 26, 91330 Eggolsheim,
  Tel. 0 95 45/85 83, www.brauerei-foerst.de, tägl. ab 16.00,
  (So Frühschoppen/Mittagstisch nach Vorbestellung),
  Do Ruhetag.

Informationen:
Touristinfo Ebermannstadt, Bahnhofstraße 5, 91320 Ebermannstadt, Tel. 0 91 94/50 64 0, Apr–Okt Mo–Fr 9.00–12.30 und 13.30–17.00, Sa 9.00–12.00, Nov–März Mo–Fr 9.00–12.30 und 13.30–17.00, Sa geschlossen.
Karte:
Fritsch Wanderkarte Nr. 66 *Bamberg/Forchheim.*

Die Wunderheiler von Weißenohe

Die Geschehnisse des Jahres 1803 können aus fränkischer Sicht im Allgemeinen nur als misslich bezeichnet werden. In jenem Jahre nämlich wurde der bayerische Stammesherzog unter tätiger Patronage eines französischen Antichristen zum König ernannt und verleibte sich die ehedem als Hochstifte, Reichstädte oder Markgrafschaften bestehenden und im Norden angrenzenden Gebiete ein. Nun verhielt es sich nicht nur so, dass einst freie Bürger zu Fürstenknechten erklärt und einst reiche Kirchengemäuer beraubt und geschleift wurden. Nein, getreu dem alten Siegergesetz »cuius regio eius religio« wurden die stolzen fränkischen Kreise zwar nicht mehr umgetauft, sofern sie protestantischem Glaubens waren, wohl aber insgesamt dem Gesetz und der Justiz der Besatzer unterworfen.

Nun können wir mit etwas Trost behaupten, dass Herrschaften leichter zu brechen sind als Kulturen und die Franken sich auch nach 200 Jahren nicht zu Bayern gewandelt haben. Vielleicht hat sich der Bayerische Löwe gar an dem rot-weißen Rechen übernommen und wird deswegen noch immer von Alpdrücken und Darmwinden geplagt. Wir wissen es nicht, denn es ist für derlei Konklusionen noch zu früh. Als sicher indes kann gelten, dass die bajuwarische Besatzung die spezielle Wohlfahrt des Volkes bis zum heutigen Tage nicht nur behindert, sondern in Teilen um Äonen zurückgeworfen hat. Sie zweifeln? Dann geruhen Sie bitte, folgende Geschichte mit Ihrer geschätzten Aufmerksamkeit zu beehren:

Zu Weißenohe ward im Jahre des Herrn 1050 ein Kloster der Benediktiner gegründet. Die frommen und fleißigen Mönche bestellten klaglos das karge Land, kultivierten Getreide und Kräuter und brauten Bier im klösterlichen Sudhaus. Die klösterlichen Braumeister galten bald als Zauberer und von Gott gesegnete Alchimisten. Nicht nur gelang ihnen ein Trank, der gar köstlich mundete und den Mönchen half, die triste Fastenzeit frohen Mutes zu überstehen, sodass die Äbte im Refektorium sich immer weniger gezwungen sahen, zwischen Aschermittwoch und Karfreitag Kreuze über Schweinerüssel, Kalbsköpfe oder Schafslenden zu schlagen und sie kraft ihres Amtes zu Karpfen zu erklären. Vielmehr fanden die weisen Männer alsbald auch Mittel und Wege, göttliche Heilkräfte in den Sud zu brauen. Man sagt, dass der Kräutergarten des Klosters dabei eine gewichtige Rolle gespielt haben soll, der Koriander, Salbei, Liebstöckel, Mohn, Kümmel, Petersilie, Majoran, Pfefferkraut, Maulbeeren und sogar manches Gewürz aus dem Morgenland hervorbrachte. Vielerlei Sorten Bier brachte auch bald die Brauerei des Klosters hervor, sodass in jeder Lebenslage der passende Saft zur Hand war.

Es begann mit dem Aussatz oder auch Lepra, wie er später bezeichnet wurde. Die Mönche von Weißenohe erbarmten sich eines Bettlers, der sich selbst nicht mehr spürte und dem bereits ein Bein abgefault war. Der alte Kilian hatte ihm bereits die Sterbesakramente erteilt, als Laurenz, ein Novize mit weichem Herzen, dem Sterbenden einen Krug kühlen Bieres brachte. In der Erwartung, ihn am nächsten Tage nicht mehr unter den Lebenden vorzufinden, überließ man den Elenden der Nacht. Umso erstaunter waren die frommen Männer, als sie den Mann bei Sonnenaufgang nicht nur lebendig, sondern fast wieder genesen vorfanden. Er verlangte nach einem weiteren Krug des Bieres und war am Abend soweit gesundet, dass er auf Krücken wieder gehen konnte. Sein Bein wuchs zwar nicht mehr nach, aber der Wanderer war des Lesens und Schreibens mächtig und trat alsbald in den Orden ein, wo er als Bruder Cervesus der Klosterbibliothek noch 20 Jahre lang gute Dienste leistete.

Und so heilten die Mönche mit dem Gerstensaft mancherlei Gebrechen. Sie blieben von der Pest verschont und retteten die Bauern des nahen Gräfenberg vor dem Antoniusfeuer. Um 1580 kurierte der klösterliche Braumeister Korbinian einen Neffen des Bamberger Fürstbischofs mit einem Fässlein schwarzen Bieres von der Ruhr. Das braune Bier kam wiederum den Bauern im Weißenohe zugute, es heilte ihr Vieh vom Befall des Milzbrandes, der sich dadurch auch nicht auf die Menschen ausbreitete. Im 18. Jahrhundert schließlich wandte sich so mancher im Geheimen an die frommen Brauer, wenn ihn die Franzosenkrankheit, die Syphilis, befallen hatte. Es mag verwundern, dass die Mönche gerade gegen diese Krankheit besonders schnell ein wirksames Bier gebraut hatten, dennoch war es so.

Eine andere Franzosenkrankheit überkam das Land um 1800, als ein zwergwüchsiger Irrer Europa mit Krieg überzog und das Unterste zuoberst kehrte. Und gegen diese Krankheit half leider auch kein noch so ausgefeiltes Rezept der Benediktiner von Weißenohe. Der bayerische Herzog wurde zum König und erhielt für seine Bündnistreue die lieblichen und reichen fränkischen Gebiete.

So begab es sich, dass im Jahre 1803 eine Horde von ober- und niederbayerischen Bauernlümmeln das Kloster besetzte und alles, was nach Gold, Silber oder Edelsteinen aussah, hinwegschaffte. Die Gebäude gehörten nun nicht mehr der heiligen Mutter Kirche, erklärte der bayerische Kommandant dem Abt und verlangte, ihm und seinem Haufen reichlich Bier auszuschenken. Pankratz, der Braumeister, zapfte ein Fass des hellen, trüben Bieres an, das schon so manchen Wahnsinnigen in den letzten Jahrzehnten kuriert hatte, doch der Bayer spie es sofort wieder aus und rief: »Ich sollte dich auf der Stelle hinrichten, Kerl! Bier soll das sein? Du willst mich vergiften, wie es scheint!«

»Nein, nein, Herr Offizier«, beeilte Pankratz sich zu erklären, »dies ist ein besonderes Klosterbier, ihm wurden heilsame Kräuter und Gewürze zugesetzt ...«

»Kräuter und Gewürze«, höhnte der Kommandant, »damit ist es jetzt vorbei! Ab sofort gilt hier nämlich das bayerische Reinheitsgebot!«

Und so hat das Bier von Weißenohe in den folgenden Jahrhunderten zwar noch vielen geschmeckt, indes aber niemanden mehr von Krankheiten kuriert – cuius regio eius religio!

Veit Bronnenmeyer

Ganz oben 16

Tour: Wanderung zum höchsten Punkt der Fränkischen Schweiz.
Länge: Ca. 9 km.
Dauer: Reine Gehzeit ca. 3 Stunden.
Familie: Wege teils steil und unbefestigt, größere Kinder könnten am Aussichtsturm Freude haben.
Höhenunterschied: Ca. 150 m.
Markierungen: Gelber Punkt, roter Punkt, roter Querstrich, grüner Kreis.
Saison: Von Frühjahr bis Herbst, möglichst bei guter Fernsicht.
Variante: Verlängerung um 6 km durch einen Abstecher nach Leups und zurück möglich.
Anfahrt: *Kfz:* Über die A9, Ausfahrt Pegnitz, auf der B2 durch Pegnitz, dann bei Buchau Richtung Büchenbach abzweigen (über Kaltenthal).

Dem Kreuz und Gipfel zu

Büchenbach vermutet der gemeine Metropolregionalist ja sofort nahe Erlangen, doch gibt es, wie so oft, noch mehrere Ortschaften des gleichen Namens, weswegen wir uns etwas weiter an den Rand der Metropolregion begeben müssen. Denn wir wollen hoch hinaus und beginnen die Tour am Parkplatz der *Brauereiwirtschaft Herold* in Büchenbach bei Pegnitz. Links vom Gasthaus weist die Markierung »gelber Punkt« in die Straße hinein. Sogleich geht es wieder links »Zum Felsenkeller«; angezeigt sind die Ziele Kosbrunn und Pottenstein. Nach knapp 100 Metern führt der Weg rechts von einer Scheune bergauf in den Laubwald hinein. Wir steigen an bis zum Felsenkeller, dem der Steig offensichtlich seinen Namen verdankt. Vor dem Eingang geht es halb links weiter bergauf. Kurz darauf halten wir uns scharf rechts und erreichen die erste Station eines Kreuzwegs. Den alten Steinen wurden neue Fliesenornamente verpasst, die das Leiden Christi – wie es scheint – zeitgemäß darstellen sollen. Wir verlassen den Wald und überqueren eine Wiese, kommen wieder in den Wald hinein und erreichen zum Ende des Anstiegs bzw. des Kreuzwegs eine kleine Kapelle. Rechter

Hand sehen wir nun die A9. Die Markierung führt rechts an der Kapelle vorbei direkt auf die Autobahn zu. Wir unterqueren sie und stoßen auf der anderen Seite alsbald auf einen etwas verwirrenden Wegweiser. Der geschotterte Wirtschaftsweg macht nach 30 Metern eine Rechtsbiegung, unser gelber Punkt dagegen führt an der Biegung geradeaus über die Wiese bergab und kurz darauf wieder bergan. Wir treffen auf einen geschotterten Waldweg, halten uns links und wandern etwa 500 Meter leicht aufwärts durch Felder und Wiesen, bis der Weg wieder in den Wald hineinführt, wo wir die Wegabzweigung zur Ruine Wartberg und zum Kleinen Kulm erreichen.

Zur Ruine Wartberg sei gesagt, dass sie die Extrameter kaum lohnt. Zwar soll hier einst eine Burg gestanden haben, die die Edelfreien von Wartberg um 1140 erbauten, doch leider wurde sie im Zweiten Markgrafenkrieg 1553 so gründlich zerstört, dass nicht einmal mehr eine Ruine erkennbar ist. Es bietet sich ein halbwegs scharfer Ausblick Richtung Fichtelgebirge, der aber mit dem Turm auf dem Kleinen Kulm nicht konkurrieren kann; bei der vorhandenen Sitzbank darf bezweifelt werden, dass es sich um Originalmobiliar aus der Burg handelt. Überhaupt würde sich der halbwegs historisch interessierte Wanderer hier eine Hinweistafel oder Ähnliches wünschen.

Daher bleibt die Empfehlung, an der Wegkreuzung gleich links zur Markierung mit dem roten Punkt in Richtung »Kleiner Kulm« zu wechseln. Wir wandern noch einen halben Kilometer bergauf durch relativ dichten Wald und haben alsbald, ohne es zu merken, den mit 627 Metern höchsten Punkt der Fränkischen Schweiz erklommen.

Panorama

Bereits 1949 wurde hier ein hölzerner Aussichtsturm errichtet, der in den 70er-Jahren abgerissen und durch einen Nachfolger ersetzt wurde. Der machte es allerdings auch nicht lange, und so sehen wir aktuell einen 14 Meter hohen Neubau aus dem Jahr 2000, der eine prächtige Sicht sowohl auf die Fränkische Schweiz als auch auf das im Nordosten gelegene Fichtelgebirge bietet.

Kurz hinter dem Turm nehmen wir den Hauptweg, der rechts mit den Markierungen »roter Punkt« und »roter Querstrich« den Berg hinunter abzweigt, und finden uns nach etwa

300 Metern gemütlichen Abstiegs vor einer Schranke wieder, wo sich die Markierungen teilen. Wir folgen dem roten Querstrich nach links und stoßen kurze Zeit später noch einmal auf die A9. Die Markierung weist nach rechts, und wir gehen kurz parallel zur Autobahn, bis wir sie auf einer Brücke überqueren. Etwa 150 Meter nach der Brücke geht es mit der Markierung »roter Querstrich« nach rechts in einen Feldweg hinein. Zügig entfernen wir uns von der Autobahn und wandern durch Felder und Wiesen sacht bergab. Nach gut 600 Metern kreuzt ein anderer Feldweg. Hier verlassen wir den »roten Querstrich« und gehen geradeaus dem »grünen Kreis« nach. Der Untergrund geht in einen gepflasterten Wirtschaftsweg über. Von der Autobahn ist bald nur noch ein schwaches Rauschen zu hören, und wir erfreuen uns an der gefälligen Landschaft und der abschüssigen Strecke, bis wir nach etwa eineinhalb Kilometern Buchau erreichen. Der Ort ist über die Dorfgrenzen durch das Buchauer Holzofenbrot bekannt, das die Bäckerei der Familie Eckert aus spritzmittelfrei angebautem Getreide produziert. Vorerst erreichen wir die Hauptstraße in Buchau beim Feuerwehrhaus. Ab hier ist wieder die Markierung »gelber Punkt« maßgeblich, daher wenden wir uns auf der Straße links und folgen ihrem

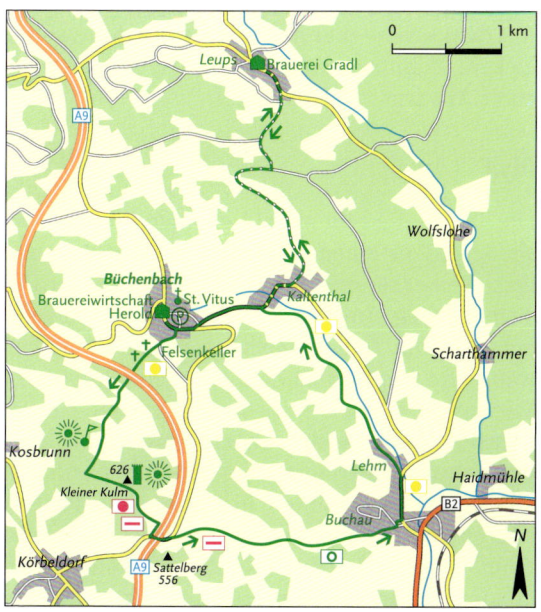

Postkartenidyll unweit der A9.

Verlauf, bis der Ort nahtlos in den Teil »Lehm« übergeht, wo sich auch die Produktionsstätte des Holzofenbrotes befindet. Unser Weg zweigt beim Bushäuschen links ab und vereint sich mit dem »Wald- und Imkerlehrpfad«. Kurz geht es noch durch lockere Wohnbebauung, bis der »gelbe Punkt«, rechts am Fuße eines Anstiegs, flach abzweigt.

Idyll

Die Teerstraße geht alsbald in einen breiten Feldweg über, der ebenerdig an einem Bächlein entlangführt, auch vereinzelte Fischweiher säumen unsere Tour. Nach einer Holzhütte gabelt sich der Weg erneut, wir halten uns an den gelben Punkt und gehen rechts. Äußerst idyllisch zeigt sich die Umgebung nun, während wir gut eineinhalb Kilometer durch sanfte Hügel und Wiesen wandern, die von Baumgruppen, Gewässern und vereinzelten Holzstadeln verziert werden. Schließlich erreichen wir, nahezu sediert durch die Reize der Natur, Kaltenthal.

Vielwanderer können hier nun eine Fleißarbeit angehen und einen Abstecher nach Leups machen, wo sich die *Brauerei Gradl* befindet. In der Ortsmitte von Kaltenthal findet sich ein entsprechender Wegweiser auf eine schmale Straße, die über drei Kilometer durch Felder und Wald nach Leups führt. Inklusive Rückweg verlängert sich die Tour dadurch um sechs Kilometer, was sicher nicht jedermanns Sache ist. Dennoch sei an dieser Stelle darauf verwiesen – gegebenenfalls kann man den Abstecher ja auch noch auf vier Rädern machen.

Ohne Abstecher gehen wir in Kaltenthal links und befinden uns direkt auf der Ortsverbindungsstraße zurück nach Büchenbach, das in einem Kilometer Entfernung schon gut zu sehen ist.

Neben dem *Brauereigasthof Herold* ist hier vor allem die Pfarrkirche St. Vitus sehenswert. Sind die Mauern des Langhauses noch aus gotischer Zeit, so präsentiert sich das Interieur in üppigen Barock.

Zur verdienten Stärkung nach der Besteigung des Mont Blanc der Fränkischen Schweiz bietet die Brauereiwirtschaft eine Sorte »Beckn-Bier«, das kernig und leicht rauchig anmutet. Außerdem gibt es auch hier selbst gebackenes Brot. Die Speisekarte enthält Brotzeiten und kleine warme Gerichte.

Veit Bronnenmeyer

Das Bier:
Brauereigasthof Herold, Marktstraße 29, 91257 Büchenbach/Pegnitz, Tel. 0 92 41/33 11, www.beckn-bier.de, tägl. ab 9.00 bis der Letzte geht, Di Ruhetag. Dunkles »Beckn-Bier«, im Mai und zu Weihnachten auch Bock. Fremdenzimmer.
Brauereigasthof Gradl, Leups 6, 91257 Pegnitz, Tel. 0 92 46/2 47, tägl. durchgehend geöffnet, Di Ruhetag. Eine Sorte dunkles Universalbier, mit einer deutlichen Note von Pumpernickel. Kleine Gerichte.

Informationen:
Touristinformation Pegnitz, Hauptstraße 73, 91257 Pegnitz, Tel. 0 92 41/7 23-11, www.pegnitz.de.
Tourismuszentrale Fränkische Schweiz, Oberes Tor 1, 91320 Ebermannstadt, Tel. 0 91 91/86-10 50, www.fraenkische-schweiz.com.

Karte:
Fritsch Wanderkarte Nr. 53, *Naturpark Fränkische Schweiz, Blatt Süd.*

17 Der Pretzfelder Bierfrieden

Tour: Rundweg Pretzfeld, Pretzfelder Keller, Schlüsselstein, Kreuzweg, Ebermannstadt, Pretzfeld.
Länge: Ca. 11 km.
Dauer: Ca. 3 Stunden.
Familie: Der Weg ist für Familien gut geeignet.
Saison: Ein Klassiker für den Juli, um im Anschluss noch das Kirschenfest in Pretzfeld zu besuchen, empfehlenswert aber auch als waldreiche Herbstwanderung.
Anfahrt: *Kfz:* Auf der B470 bis Abzeigung Pretzfeld.
ÖPNV: Mit der Regionalbahn R2 bis Forchheim, umsteigen in die Regionalbahn R22 bis Pretzfeld.

Brauereineugründung in der Hochburg der Spirituosen

Pretzfeld steht für Obstbäume. Der Markt Pretzfeld liegt im größten zusammenhängenden Süßkirschenanbaugebiet Europas. So liegt zur Blüte ein Hauch von Japan über dem Ort, auch wenn das jährliche Kirschblütenfest durchaus fränkisch-zünftig ist. Im romantischen Pretzfeld mündet der kleine Trubach in die größere Wiesent. Und: Pretzfeld ist überregional bekannt für herausragende Obstbrände. Genau hier hat eine neue Brauerei nebst Gastronomie eröffnet.

Märchenhafter Beginn

Unser Weg beginnt an der Pretzfelder Rokokokirche St. Kilian, erbaut vom Bamberger Hofarchitekt Johann Jakob Michael Küchel zwischen 1742 und 1761. Zunächst folgen wir der Teerstraße in Richtung Ebermannstadt bergan, entlang an ausgedehnten Kirschwiesen. Nach etwa 500 Metern kommen wir an einen großen Wanderparkplatz. Dort nach rechts in Richtung des ausgeschilderten Bierkellers. Nach wenigen Metern finden wir unser Wanderzeichen, den »blauen Senkrechtstrich«. Dieser führt uns zum Pretzfelder Kellerwald, einer Ansammlung von Bierkellern, die aus einem Märchen zu entstammen scheinen. Jeden Moment – so möchte man glauben – treten aus den kleinen Holztüren Zwerge mit geschulterten Bierfässern. Hier findet auch alljährlich im Juli nach Abschluss der Kirschenernte das Pretzfelder Kirschenfest statt – sehr empfehlenswert schon allein aufgrund des Ambientes.

Wir folgen dem blauen Senkrechtstrich durch den Wald stetig bergan und erreichen eine kleine Lichtung, an der sich der Weg in drei Richtungen teilt. Dort bleiben wir unserer Markierung treu und wählen den mittleren, der nach links und weiter kräftig bergan zum ausgeschilderten »Judenberg« führt.

Oben angekommen weist uns der blaue Senkrechtstrich nach links Richtung Ebermannstadt. Zunächst aber folgen wir dem Weg für einen lohnenden Abstecher geradeaus. Nach 60 Metern treffen wir auf den alten Pretzfelder Judenfriedhof.

Abstecher zum alten Judenfriedhof

Der Friedhof ist das letzte sichtbare Zeugnis der jüdischen Geschichte in Pretzfeld. Wir gehen an der Bruchsteinmauer entlang bis zum Eingang.

Der Friedhof in Pretzfeld wurde im 16. oder 17. Jahrhundert angelegt und war der zentrale Friedhof für die jüdischen Gemeinden des Forchheimer Landes. Rund 200 Grabsteine sind erhalten, der älteste stammt aus dem Jahr 1732.

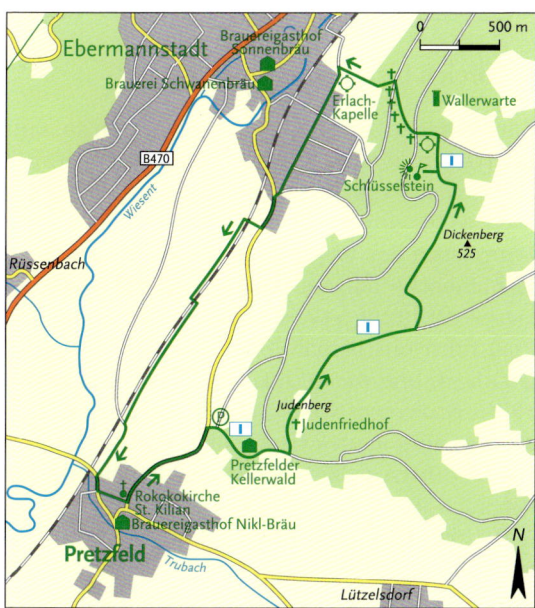

Bis 1875 gab es in Pretzfeld eine jüdische Gemeinde. Vermutlich retteten sich einige Nürnberger Juden vor dem Pogrom im Jahr 1298 hierher. Noch immer weist die »Judengasse« in Pretzfeld auf den Schwerpunkt der Ansiedlung. Die Gemeinde verfügte über eine Synagoge, eine Religionsschule, ein rituelles Bad (Mikwe) und eben den Friedhof. Die Mikwe ist gut erhalten, wurde Ende der 90er-Jahre renoviert, liegt aber auf Privatbesitz und ist deshalb nur selten zugänglich. Die Synagoge wurde um 1900 abgebrochen.

Die jüdische Begräbniskultur wird beim Blick auf den Friedhof sichtbar: Grabschmuck gibt es nicht, Blumen würden die Toten verunreinigen. Die Gräber sind für die Ewigkeit gedacht und werden nicht aufgelöst. Auf den Grabsteinen und Platten liegen häufig Kieselsteine, die ebenfalls für die Ewigkeit stehen.

Natürlich blieb der Friedhof von Schändungen nicht verschont. 1928 wurden 20 Grabsteine umgeworfen und das Tor beschädigt. 1945 wurde ein Teil der Grabsteine als Baumaterial verkauft. Einige der Steine wurden 1983 aus einem betonierten Sockel wieder herausgelöst und im Friedhof neu aufgestellt. Und schließlich wurden 1994 und 1998 Grabsteine umgeworfen und mit NS-Symbolen besprüht.

Waldreich bis Ebermannstadt

Zurück bei der Abzeigung gehen wir nun auf einem gut ausgeschilderten, ebenen Waldpfad Richtung Ebermannstadt.

An einer Weggabelung führt uns der »blaue Senkrechtstrich« nach rechts durch einen wunderschönen hellen Buchenwald. Dann steigt der Weg mäßig an und aus den Buchen wird ein Fichtenhochwald. Auf der Höhe geht es dann – bestens markiert – Richtung »Wallerwarte« nach links ab. Ein schmaler Pfad führt uns bergab. Nach etwa 20 Metern halten wir uns geradeaus und wandern auf einem schmalen Waldpfad auf der Höhe. Nach einer Weile ist Ebermannstadt und das Wanderzeichen »grüne Raute« nach links angeschrieben. Wir aber bleiben bei unserem blauen Senkrechtstrich und gehen weiter geradeaus.

An einer großen Kreuzung gehen wir zunächst rund 100 Meter nach links, um uns vom Schlüsselstein und der Burgruine aus die wunderbare Aussicht auf Ebermannstadt und Burg Feuerstein

Der jüdische Friedhof oberhalb von Pretzfeld.

zu gönnen. Von der »Burg derer von Schlüsselberg« selbst ist nicht mehr viel zu sehen, die Anlage kann man nur noch erahnen.

Zurück an der Kreuzung orientieren wir uns wieder nach Ebermannstadt und der »grünen Raute«.

Wir folgen einem breiten Waldweg. Nach einer Weile treffen wir auf einen Schotterweg, biegen nach links ab und sehen nach wenigen Metern links eine Kapelle. Hier biegen wir erneut ab und gehen direkt an ihr vorbei. Die Markierungen sind hier rar gesät, die Orientierung ist aber keinerlei Problem; wir wandern steil einen Kreuzweg hinab und überqueren zweimal eine Schotterstraße. Dann verlassen wir den Wald und erreichen über eine Lichtung und an Feldern entlang den Stadtpark von Ebermannstadt. Die Erlach-Kapelle im Stadtpark ist der Anfangspunkt des Kreuzwegs, den wir hinuntergestiegen sind. Hier finden wir auch unsere neue Markierung »rotes Kreuz«.

Abstecher nach Ebermannstadt

Ein kurzer Bummel durch Ebermannstadt lohnt. Nicht zuletzt locken zwei Brauereien zur Einkehr. Darüber hinaus kann man am Wasserschöpfrad – Wahrzeichen der Stadt –, am historischen oder oberen Scheunenviertel und am alten Rathaus vorbei zum Marktplatz mit den beeindruckenden Fachwerkhäusern spazieren.

Das Kommunbrauhaus beherbergt heute die *Brauerei Sonne*. 18 örtliche Brauer teilten sich einst die Braustätte. Mit Pretzfeld entbrannte gar der »Ebermannstädter Bierkrieg« um die Braurechte. Pretzfeld bestätigte 1513 schriftlich, dass die Pretzfelder nicht befugt seien, »zu mälzen und zu bräuen«. Sie verpflichteten sich, das Ebermannstädter Bier zu kaufen. Die Pretzfelder Schlossverwaltung allerdings belieferte trotzdem die örtlichen Wirte. 1690 wurden die Ebermannstädter deshalb handgreiflich und zerstörten die Pretzfelder Brauanlagen. Jahrzehntelang dauerte der Prozess, ehe verfügt wurde, dass in der Schlossbrauerei nur für den Eigenbedarf gebraut werden durfte.

Auf zum *Nikl*

Zurück an der Erlach-Kapelle im Stadtpark folgen wir dem mit »rotem Kreuz« markierten Leo-Jobst-Weg Richtung Pretzfeld. Am Stadtrand entlang kommen wir auf eine Landstraße und gehen ein kurzes Stück nach rechts bergab. Gleich wieder links auf freies Feld und weiter geradeaus entlang den Gleisen.

Markierungen sind hier selten, aber auch nicht notwendig. Obstbäume kündigen Pretzfeld an. Wenig später sind wir zurück und freuen uns auf die Einkehr.

Seit Oktober 2008 – Jahrhunderte scheint der Bierkrieg nachgewirkt zu haben – wird in Pretzfeld wieder Bier gebraut. Jahrelang war vom Brauereiensterben zu lesen, da geschah ein kleines Bierwunder. Mike und Alexandra Schmitt eröffneten nach sieben Monaten liebevollen Umbaus in einem ehemaligen Kuhstall ihre kleine Brauerei mit Gasthof. Unfiltriertes, naturbelassenes, typisch fränkisches Bier wird hergestellt und ausgeschenkt.

Zum Nikl-Landbier passt nichts besser als die bodenständige Kost: Mutter und Schwiegermutter des Braumeisters sind die Küchenchefs und bringen das auf den Tisch, was gut und fränkisch ist.

Reinhard Weirauch

Das Bier:
Brauereigasthof Nikl-Bräu, Egloffsteiner Straße 19, 91362 Pretzfeld, Tel. 0 91 94/72 50 25, www.brauerei-nikl.de, Mo, Do ab 17.00, Fr–So ab 9.30, Di, Mi Ruhetag.
Brauereigasthof Sonnenbräu, Hauptstraße 29, 91320 Ebermannstadt, Tel. 0 91 94/76 74 80, www.brauerei-gasthof-sonne.de, tägl. ab 10.00, Mi Ruhetag.
Hotel-Restaurant Schwanenbräu, Am Marktplatz 2, 91320 Ebermannstadt, www.schwanenbraeu.de, durchgehend geöffnet, So ab 15.00.
Bierkeller Pretzfeld, bei trockenem Wetter ab 16 °C Mo–Sa ab 16.00, So ab 11.00.

Informationen:
Touristinfo Ebermannstadt, Bahnhofstraße 5, 91320 Ebermannstadt, Tel. 0 91 94/50 64 0, Apr–Okt Mo–Fr 9.00–12.30 und 13.30–17.00, Sa 9.00–12.00, Nov–März Mo–Fr 9.00–12.30 und 13.30–17.00, Sa geschlossen.

Extras:
Pretzfelder Kirschenfest, jährlich im Juli nach Abschluss der Kirschenernte, www.kirschenfest-pretzfeld.de.

Literatur:
Schwierz: *Steinerne Zeugnisse jüdischen Lebens in Bayern,* München 1988.

Karte:
Fritsch Wanderkarte Nr. 66, *Bamberg/Forchheim.*

18 Biere und Pflanzen der Heimat

Tour: Lange, erlebnisreiche Wanderung durch das kleine Naturparadies des Lillachtals und nach Gräfenberg.
Länge: 14 km.
Dauer: Reine Gehzeit ca. 4 Stunden, dazu kommen Einkehr und Zeit zum Staunen.
Familie: Für Kinder ist die Wanderung wohl zu lang und die Kurzvariante die bessere Wahl.
Saison: Im April blühen im Lillachtal die Sumpfdotterblumen und die Sinterstufen sind noch deutlich sichtbar. Die Herbstfärbung macht die Wälder um Gräfenberg schön.
Besonderheiten: Möglichkeiten zur Besichtigung des Brauereimuseums in Gräfenberg und der Klosterkirche in Weißenohe.
Variante: Von Weißenohe bis zum Lillingbrunnen und gleich wieder zurück.
Anfahrt: *Kfz:* Von Nürnberg kommend auf der B2 in Richtung Gräfenberg. *ÖPNV:* Mit der Gräfenbergbahn ab Nürnberg Nordostbahnhof stündlich nach Weißenohe.
Ausgangspunkt: Bahnhof von Weißenohe bzw. Wanderparkplatz rechts am Ortseingang.

»Oh, ist hier das Paradies?«

..., fragt ein kleines Fröschlein, und für Teile dieser Tour lautet die Antwort ganz bestimmt: »JA.« Denn zu Beginn führt der Weg durchs Lillachtal, das seiner Schönheit und seines biologischen Wertes wegen zum Naturdenkmal erhoben wurde und als Trittstein im europäischen Biotopverbundnetz NATURA 2000 erfasst ist. Über Felder geht es dann nach Gräfenberg; letztlich besteht noch die Möglichkeit für einen Abstecher zum Teufelstisch, einer geologischen Besonderheit im Wald oberhalb von Weißenohe. Die Einkehrmöglichkeiten unterwegs sind bestens.

Vom Parkplatz aus folgen wir den Wegweisern in Richtung Lillingbrunnen (gelber Kreis) bzw. Dorfhaus. Dort angekommen führen uns hinter dem *Gasthaus zum Lillachtal* die Hinweisschilder »Sinterstufen« bzw. »Lillachtal« mit dem gelben Querstrich weiter. Hinter den letzten Gebäuden von Dorfhaus wird die Straße zum Feldweg und wir erreichen bald die Informationstafel am Eingang des Lillachtals. Hier begegnen wir dem zu Beginn erwähnten Fröschlein, das als Sympathieträger auf den Tafeln durch das Naturschutzgebiet führt. Entlang der Lillach wurde ein Lehrpfad angelegt; der Wanderer erfährt hier alles über die Entstehung der über 10 000 Jahre alten Stufen aus Kalktuff, die das Tal prägen.

Ein Bach mit Treppe

Die Stufen, Kaskaden, verschachtelten Becken und Uferbereiche der Lillach bilden ein Rückzugsgebiet für viele seltene und vom Aussterben bedrohte Tiere und Pflanzen. Sie sind u. a Lebensraum für die Wasseramsel, die zweigestreifte Quellenjungfer (eine Großlibellenart) und weitere seltene Insekten und Amphibien, darunter etliche Arten der »Roten Liste«, wie

den Feuersalamander. Wer diesen raren Lurch allerdings wirklich sehen will, muss viel Glück haben und sollte an einem regnerischen Montagmorgen vorbeikommen, denn ein Geheimtipp ist das Lillachtal nicht mehr. Umso wichtiger ist es, sich rücksichtsvoll zu verhalten und vor allem die empfindlichen Sinterstufen nicht zu betreten!

Wir folgen dem befestigten Weg. Überall strömt und fließt es, Rastplätze bieten uns immer wieder bezaubernde Ausblicke. Am Ende des Tals steigt der Pfad an und wir stoßen auf die Markierung »Frankenweg«, der wir nach rechts folgen. Beim Rastplatz am Brunnen verlassen wir die Idylle der Lillach. Der »rote Punkt« übernimmt die Führung, durch Lilling hindurch und auf die wenig befahrene Straße nach Wölfersdorf hinaus. 500 Meter vor dem bereits sichtbaren Ort zweigen wir von der Straße nach links auf einen Feldweg ab, eine eingezäunte Obstwiese bleibt dabei links von uns liegen, dann geht es geradeaus weiter am Waldrand entlang. Hier entdecken wir bald die Markierung »grüner Punkt im gelben Kreis« (Richtung Hiltpoltstein), die uns von nun an begleitet. Kemmathen wird erreicht und durchquert, vor dem Gasthaus wenden wir uns auf der Hauptstraße ein kurzes Stück nach rechts, dann biegt der »grüne Punkt« nach links auf eine kleinere Straße ab, die bald zum Feldweg wird. An zwei Abzweigungen halten wir uns jeweils links, dann verlassen wir die bisherige Markierung und gehen mit dem »gelben Kreis« geradeaus am Waldrand entlang. Eine Feldscheune bleibt rechts liegen, danach biegen wir an der nächsten Wegkreuzung links ab und überqueren bald die Landstraße. Der »gelbe Kreis« führt uns weiter nach Gräfenberg hinunter und direkt zum Brauereimuseum, das zum *Brauereigasthof Lindenbräu* nebenan gehört (Führungen nach Vereinbarung).

Eine Stube mit Kachelofen

Der *Gasthof Lindenbräu* wird in der dritten Generation von der Familie Brehmer geführt. Die Braustätte selbst befindet sich gegenüber und besitzt eine eigene Mälzerei. Bis 1965 wurde auch noch eigener Hopfenanbau betrieben. In der Wirtsstube sitzt sich's am Kachelofen sehr gemütlich. Das dunkle Vollbier und das naturtrübe Weizen schmecken vortrefflich, und den Schweinebraten gibt es auch hier zum Preis eines Schinken-

Frühling im Lillachtal.

baguettes in München-Schwabing. Wem noch der Sinn nach einem zweiten Gräfenberger Bier steht, dem sei das *Bräustüberl* der *Brauerei Friedmann* empfohlen. Es liegt nur wenige Minuten vom *Lindenbräu* entfernt direkt hinter dem Hiltpoltsteiner Tor. An der Hauswand sieht man die Aufschrift »Fränkisches Wirtshaus«, was als Versprechen gewertet werden darf. Eine Spezialität des Hauses ist »Sigis Lager«, benannt nach der Braumeisterin Siglinde Friedmann. Es ist dies ein völlig unfiltriertes und hefetrübes Bier, nach Auskunft »voller Vitamine und Enzyme!« Frisch gestärkt oder wohlig benommen folgen wir nach der Einkehr der Straße nach Guttenburg.

Teufelstisch und Klosterbier

Bald zweigt der Teufelstischweg nach links ab (Wegweiser »Katholische Kirche«). Die Markierung ist der »blaue Kreis«, später der »blaue Querstrich«. Der Weg steigt im Wald an und macht auf der Hochfläche einen scharfen Linksknick. Kurz darauf geht der blaue Querstrich als Trampelpfad nach rechts vom eigentlichen Weg ab, und wir erreichen eine Abzweigung und das Hinweisschild »Teufelstisch 1,5 km«. Von der vorherigen Angabe (800 Meter) lassen wir uns nicht verwirren. Nun ergeben sich zwei Möglichkeiten: Die erste ist der Weg zum Teufelstisch, ein übergroßer, tischförmiger Felsen im Wald auf dem

Eberhardsberg. Ritter Kuno, Schlossherr zu Gräfenberg, soll hier der Sage nach mit dem Teufel diniert haben. Der Abstecher dauert etwa 30 Minuten und kehrt auf demselben Weg wieder zu dieser Abzweigung zurück. Man kann aber ebenso gleich mit dem »gelben Querstrich« über lauschige Waldrandwiesen nach Weißenohe hinunterspazieren. Vielleicht sieht man ein paar Rehe, ganz sicher aber die Reste der barocken Klosteranlage und die Kirche St. Bonifatius, die mit ihrem 45 Meter hohen Turm den Ort überragt. Das 1692 begonnene Gotteshaus wurde in den 90er-Jahren renoviert und kann nach Anmeldung mit einer Führung besichtigt werden.

Die Markierung führt uns direkt zum Ausgangspunkt, der Durst direkt in die klösterliche Braustätte. Dort gibt es außer dem bekannten und zu Recht beliebten Altfränkischen noch andere Spezialitäten, z. B. den »Klostersud«. Vielleicht ist sogar Mittwoch und damit Haxentag: Schon wieder ist man dem Paradies einigermaßen nahe.

Martin Weirauch

Das Bier:
Brauereigasthof Lindenbräu, **Am Bach 3, 91322 Gräfenberg, Tel. 0 91 92/3 48, www.lindenbraeu.de, Mo–Sa 11.00–22.00, So, Fei 16.00–22.00, Fr Ruhetag.**
Dunkles Vollbier, Leichtbier, Hefeweizen, Pilsener, Bock- und Festbier nach Saison.
Friedmanns Bräustüberl, **Bayreuther Straße 14, 91322 Gräfenberg, Tel. 0 91 92/99 23 18, www.brauerei-friedmann.de, Mi–Fr 11.00–24.00, Sa, So 10.00–24.00. Mo, Di Ruhetag. Helles, Vollbier, Pils, Hefeweizen, »Ritter-Wirnt-Trunk«, »Sigi's Lager« (unfiltriert, hefetrüb).**
Wirtshaus Klosterbrauerei Weißenohe, **Klosterstraße 20, 91367 Weißenohe, Tel. 0 91 92/63 57, www.wirtshaus-klosterbrauerei-weissenohe.de, Sommersaison (15. Apr–31. Okt) Mi–So ab 11.00, Mo, Di Ruhetag. Wintersaison (1. Nov–14. Apr) Do, Fr ab 17.00, Sa, So ab 11.00, Mo–Mi Ruhetag. Altfränkisch, Pils, Export Dunkel, Hefeweizen (vom Fass), verschiedene Flaschenbiere (z. B. Klostersud). Mi Haxentag, Fr Karpfentag (nach Saison), Reservierung sinnvoll.**

Informationen:
Stadt Gräfenberg, Tourismusamt, Kirchplatz 8,
 91322 Gräfenberg, Tel. 0 91 92/70 9-0.
Pfarramt Weißenohe (für Führungen in der Klosterkirche), Tel. 0 91 92/2 80.
Karte:
Appelt Wanderkarte 1:35 000, *Südliche Fränkische Schweiz/ Hersbrucker Schweiz.*

19 Ein Bierdeckel wird 60

> **Tour:** Mittellange und -schwere Radtour zwischen Aisch und Aurach.
> **Länge:** Ca. 45 km.
> **Dauer:** Reine Fahrzeit ca. 4,5 Stunden.
> **Familie:** Die Kindertauglichkeit hängt von der Motivation ab, die Wege sind fast durchweg gut befahrbar, Mountainbikes werden nicht benötigt.
> **Höhenunterschied:** Ca. 50 m, nur mäßige Steigungen.
> **Markierungen:** Karpfenradweg, blauer Querstrich, Aurachtalradweg.
> **Saison:** Apr–Okt.
> **Anfahrt:** Fahrradtransport mit dem Zug zum Erlanger Hbf., Rückfahrt ab Eltersdorf.

Karpfen

Ausgangspunkt ist der Erlanger Hauptbahnhof, den wir in östlicher Richtung, auf der Seite des Großparkplatzes, verlassen. Wir stoßen auf die zwischen den Parkfeldern verlaufende Straße. Hier sehen wir erstmals die Markierung »Karpfenradweg« und folgen der Straße nach rechts. Kurz darauf folgt eine T-Kreuzung; hier geht es nach links unter einer Unterführung durch. Danach gleich wieder links. Kurz durch die Flusswiesen, sodann über eine Brücke an einem Campingplatz vorbei. Bald darauf geht es über eine zweite Brücke, dann kommt eine dreifache Gabelung, wir wählen den Mittelweg. Die Radwegmarkierung ist jetzt nicht mehr zu sehen, dafür erblicken wir öfter die Wandermarkierung »blauer Punkt«. Wir fahren an einem Bach entlang und sehen schließlich bei einer Gabelung die in Erlangen üblichen Radwegweiser. Wir folgen dem Weg rechts in Richtung Kosbach. Wir kommen wieder auf eine Autostraße, überqueren sie an einer Ampel und folgen weiterhin der Beschilderung in Richtung Kosbach. Einige hundert Meter weiter unterqueren wir die A73 und den Main-Donau-Kanal, kurz darauf ist die »Karpfenradweg«-Markierung wieder zu sehen. An der nächsten Weggabelung weist der Karpfenradweg nach rechts unter einer Unterführung durch, wir fahren ebenfalls nach rechts und verlassen die ausgeschilderte Radwegroute in Richtung Kosbach. Nach 300 Metern auf gepflastertem Untergrund durch Wiesen und Waldstücke überqueren wir eine Straße. Das Pflaster geht nun in einen Waldweg über, linker Hand liegen Fischweiher. Etwa 400 Meter weiter kommen wir an eine T-Kreuzung und fahren rechts, kurz darauf gabelt sich die Strecke wieder dreifach. Der aufmerksame Beobachter erkennt die Radwegmarkierung etwas weiter am mittleren Weg gelegen, der alsbald zu einem bequemen Forstweg wird. Die Frequenz der Großerlanger Stadtradler und Jogger nimmt nun langsam ab. Gut 500 Meter weiter erreichen wir eine Kreuzung, der Karpfenradweg geht nach links. Wir kommen aus dem Wald heraus, der Untergrund ist wieder asphaltiert. Durch vereinzelte Fischweiher hindurch erreichen wir die Ortschaft Kosbach.

An der Hauptstraße halten wir uns rechts und durchqueren die Ortschaft. Nun folgen wir der Markierung »5« (weiß auf grünem Grund). Am Ortsrand gabelt sich die Straße, wir folgen der »5« halblinks nach Untermembach und überqueren die A3. Nach der Brücke halten wir uns rechts und fahren auf den Wald zu, die schmale Teerstraße wird zu einem Forstweg. Nach einem guten Kilometer zweigt die »5« nach rechts ab, wir fahren weiter geradeaus dem Karpfenradweg nach. Schließlich wird die Strecke wieder asphaltiert, und wir rollen auf Untermembach zu. Hier

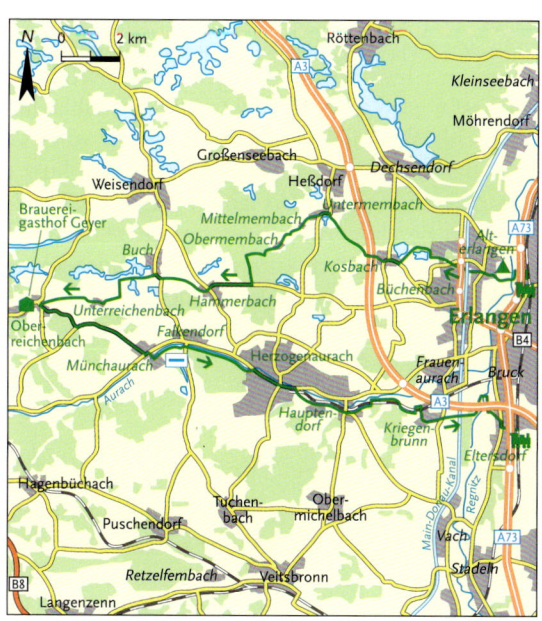

treffen wir beim Dorfweiher auf die Hauptstraße, folgen dem Radweg nach links und am Ortsende geradeaus weiter Richtung Ober- und Mittelmembach. Im Laufe der nächsten eineinhalb Kilometer durchqueren wir die beiden Ortschaften. Am Ende von Obermembach gabelt sich der Weg zweimal, wir halten uns jeweils links und fahren leicht bergan in ein Waldstück hinein. Der Karpfenradweg begleitet uns auch hier. Wir folgen zunächst einer scharfen Rechtsbiegung und fahren etwa 750 Meter weiter ebenso scharf links. Nach einem weiteren Kilometer geschotterten Forstweg bergab erreichen wir eine Ortsverbindungsstraße und fahren nach rechts. Kurz darauf würde der Radweg nach rechts in die Felder gehen, da er aber nur in einem breiten U um den nächsten Ort herumführt, bleiben wir auf der Straße und finden uns kurz darauf in Hammerbach wieder. Wir folgen der Hauptstraße, bis wir im Ortskern auf eine T-Kreuzung treffen. Dort geht es links und gleich wieder rechts in die Veilchenstraße. An der nächsten T-Kreuzung dasselbe Spiel, links und gleich wieder rechts, die »Karpfenradweg«-Markierung ist nun auch wieder bei uns. Wir verlassen den Ort auf einer schmalen Teerstraße und kommen nach eineinhalb Kilometern an die dritte T-Kreuzung. Hier geht es nach rechts in die Ortschaft Buch, jedoch bei erster Gelegenheit gleich wieder links aus dem Ort hinaus (beim *Gasthaus Süß*, ausgeschildert ist auch Unterreichenbach). Etwa einen Kilometer fahren wir an nahe gelegenen Fischweihern vorbei, bis die Straße nach links abknickt und die Qualität des Belags spürbar nachlässt. Einen Dreiviertelkilometer später knickt die Route wieder nach rechts ab, und wir erreichen kurz darauf bergab Unterreichenbach. Im Ort fahren wir an der Hauptstraße rechts (nicht der Beschilderung Richtung Oberreichenbach folgen!) und durchqueren das Dorf. Kurz vorm Ortsende will uns die Radwegmarkierung bergauf nach rechts locken. Wir lassen uns nicht darauf ein, sondern folgen der schmalen Teerstraße. Leicht bergan fahren wir nun nach Oberreichenbach, das wir nach zwei Kilometern durstig erreichen.

Geyer

Wir kommen an die Hauptstraße und fahren nach rechts, wo wir kurz darauf den *Brauereigasthof Geyer* vor uns liegen sehen. Etwas weiter hinter dem jenseitigen Ortsende befindet sich auch der dazugehörige Bierkeller. Die Brauerei bietet Pils, Hel-

Gastlichkeit seit 1519: Der *Brauereigasthof Geyer*.

les, Hefeweizen und ein sogenanntes »Hausbräu«. Das herbfrische Helle, aber auch das etwas kernigere Hausbräu sind nun eine willkommene Erfrischung. »Endlich haben wieder wir / das gute Reichenbacher Bier« steht als Losung auf den Bierdeckeln. Das »wieder« bezieht sich auf die Zeit zwischen 1945 und 1949, als die Rohstoffe knapp waren und kein Vollbier, sondern nur leichtes Schankbier gebraut werden durfte. Die Druckvorlage wurde seither nicht mehr geändert. Ebenfalls sehr zu empfehlen sind die Fleisch- und Wurstwaren aus eigener Produktion. Spätestens jetzt haben sich alle Zweifel ob der Strapazen unserer Tour in Wohlgefallen aufgelöst; unglückseligerweise müssen wir aber auch noch zurück, wobei der schwierigere Teil nun schon hinter uns liegt.

Wir fahren auf der Hauptstraße so, wie wir gekommen sind, wieder dorfauswärts, biegen aber nicht links nach Unterreichenbach ab, sondern bleiben auf der Straße und verlassen den Ort in Richtung Nankenhof. Nach eineinhalb Kilometer treffen wir bei Nankenhof auf den Steigerwald- und Aurachtalradweg, der aber nicht über die ganze Strecke für uns maßgeblich ist. Wir folgen der Ortsverbindungsstraße weitere zweieinhalb Kilometer bis Münchaurach. An der Hauptstraße fahren wir links und sehen mit geschultem Auge kurz darauf das »blaue Andreaskreuz«, welches uns nach rechts in die Fürther Straße weist. Wir überqueren die Aurach. Gleich danach geht die Markierung »blauer Querstrich« in den Wiesenweg. Kurz darauf halten wir uns der Markierung folgend wieder links und fahren parallel zur Aurach in Richtung Falkendorf. Dort treffen wir auf die Ansbacher Straße, folgen immer dem blauen Querstrich nach links und noch vor dem Bach wieder rechts. Bei einem Reitstall überqueren wir einen kleinen Parkplatz, an dessen Ende geht es halbrechts auf einen Waldweg. Später folgt ein Links-rechts-Knick, der uns aber nicht irritiert, solange wir immer stur dem blauen Querstrich nachfahren. Alsbald erreichen wir die Ausläufer von Herzogenaurach (markant ist das Spaßbad »Atlantis«). Kurz darauf kreuzen wir die Waldstraße und fahren geradeaus weiter, immer der Markierung nach. Es geht an der Hauptstraße entlang und schließlich auf dem Gehsteig weiter. Nahe der Ortsmitte kommen wir an eine Ampelkreuzung (Ansbacher Straße) und fahren weiter geradeaus, bis wir die Gebäudekomplexe von Adidas und Schaeffler erreichen. Hier zweigt der blaue Querstrich nach rechts ab, wir aber fahren geradeaus, überqueren die Straße und sodann auch links die Hauptstraße. Hier sind nun Radwege Richtung Niederndorf und Erlangen ausgeschildert. Kurz darauf zweigt auch ein Radweg nach rechts in Richtung Hauptendorf ab. Diesem folgen wir, überqueren wieder die Hauptstraße und treffen erneut auf den Steigerwald- bzw. Aurachtalradweg, der links entlang der stillgelegten Bahngleise verläuft. Nach einem knappen Kilometer bei Hauptendorf kommen wir auf eine Teerstraße und wechseln die Seite, die Bahntrasse liegt nun links. Wir fahren weiter der Radwegmarkierung nach durch eine Siedlungsstraße. An deren Ende befindet sich ein Spielplatz, und die Straße verengt sich wieder zum Radweg. Nach knapp zwei Kilometern sehen wir den Ortsrand von Kriegenbrunn, überqueren nochmals die Gleise und treffen auf den ehemaligen Bahnhof, wo ein paar alte Loks und Triebwagen zu bewundern sind. Mit dem informellen Verkehrsmuseum vor uns fahren wir dann nach rechts in Richtung Ortsmitte. Beim schmucken Kirchlein biegen wir links ab und verlassen den Ort auf dieser Straße. Nun finden wir auch eine Radwegbeschilderung zur Schleuse Kriegenbrunn. Bei der nächsten Kreuzung fahren wir geradeaus und sehen schon die Schleuse vor uns liegen. Wir überqueren den Main-Donau-Kanal und fahren danach geradeaus weiter. Es geht bergab, wir treffen auf die Regnitz, fahren links am Fluss entlang, unterqueren die Autobahn und fahren in einem Bogen über eine Brücke. Nach der Brücke geht es wieder rechts und in einem umgedrehten V unter der A3 durch. Schließlich kommen wir nach Eltersdorf. An der Hauptstraße halten wir uns rechts (wer aus Nürnberg oder Fürth kommt und sich noch weiter verausgaben will, kann hier den Radwegbeschilderungen nach Nürnberg/Fürth folgen) und biegen nach der Kirche links ab, der Bahnhof ist bereits ausgeschildert.

Wer nicht mit dem Fahrrad in Eltersdorf den Zug besteigen, sondern zurück zum Erlanger Hauptbahnhof will, biegt in der Langenaustraße nicht nach rechts zum Bahnhof ab, sondern fährt geradeaus weiter. Von hier sind es auf dem Regnitztalradweg noch ca. fünf Kilometer zur Stadtmitte (Achtung: Nach der Überquerung der A3 war bei der Mustertour der Wegweiser verdreht, man muss gleich nach der Brücke den Weg links einschlagen).

Veit Bronnenmeyer

Das Bier:
***Brauereigasthof Geyer*, Hauptstraße 18, 91097 Oberreichenbach, Tel. 0 91 04/28 02, www.brauereigasthof-geyer.de, tägl. 10.00–22.00, Di Ruhetag. Helles, Hausbräu, Pils und Weizen. Eigene Edelbrände. Fleisch und Wurst aus eigener Produktion, 14-tägig Schlachtschüssel. Fremdenzimmer.**

Informationen:
Gemeinde Oberreichenbach, Schulstraße 21, 91097 Oberreichenbach, Tel. 0 91 04/7 39,
www.oberreichenbach-erh.de.
Karte:
Naturpark Frankenhöhe, Karte UK 50-16/17 des Bayerischen Landesamtes für Vermessung und Geoinformation, oder Fritsch Wanderkarte Nr. 71, *Frankens gemütliche Ecke* (ganz unten).

20 Seitensprung oder wo wohnt Nicolas Cage?

> **Tour:** Ein Seitensprung von Mittelfranken zu einem Oberpfälzer Bierkeller mit Bahnanbindung.
> **Länge:** Ca. 12 km.
> **Dauer:** Reine Gehzeit ca. 4 Stunden.
> **Familie:** Wege teils steil und unbefestigt.
> **Höhenunterschied:** Ca. 180 m.
> **Markierungen:** Gelbes Kreuz, blauer Querstrich, rotes Kreuz.
> **Saison:** Von Ostern bis Oktober (sonst ist der Keller geschlossen).
> **Anfahrt:** *ÖPNV:* Mit der Regionalbahn R3 ab Nürnberg in Richtung Neuhaus/Pegnitz (Regionalbahn verkehrt stündlich), zurück mit der R4 (ebenfalls stündlich).

Grenzgang

Nun wollen wir's mal nicht zu wörtlich nehmen mit Bierfranken. Zum einen haben sich die Flurgrenzen im Laufe der Jahrhunderte immer wieder verschoben, zum anderen gibt es auch in unmittelbar angrenzenden Regierungsbezirken schöne Wege und gutes Bier. Der Beginn der Tour liegt aber noch in Franken, und zwar am Bahnhof in Vorra. Wir steigen aus dem Zug aus und gehen die Teerstraße vor dem kleinen Bahnhof rechts. Nach gut 500 Metern erreichen wir eine Kreuzung und Bahnunterführung, halten uns links und passieren einen relativ neu errichteten Biergarten auf einer kleinen Pegnitzinsel. Leider ist dieser Flecken nahezu das einzig erhaltene Stück Gastronomie in dem schmucken Örtchen (mit Ausnahme eines Italieners), wobei die Bierauswahl bei Kennern nicht so beliebt sein dürfte. Wir stoßen schließlich auf die Hauptstraße und überqueren linker Hand den Fluss. Wir wandern erst am Schloss, das ein Schullandheim beherbergt, und dann an der Kirche vorbei. Auf der Teerstraße beginnt nun der steile Anstieg mit der Markierung »gelbes Kreuz«. Später gabelt sich die Straße, wir halten uns an die Markierung und gehen links (Raiffeisenstraße). Etwa 300 Meter später gabelt sich der Weg erneut, links geht es zur »Erdaushubdeponie«, rechts weist unsere Markierung nach Hirschbach, unserem ersten Etappenziel. Im weiteren Verlauf folgen wir immer brav der Markierung, kommen in einen Mischwald hinein und kurz danach wieder hinaus. An dieser Stelle geht es rechter Hand auf einem Wirtschaftsweg am Waldrand entlang. Die gute Nachricht ist, dass wir den ersten Anstieg nun geschafft haben. Nach weiteren 300 Metern treffen wir auf die schmale und wenig befahrene Ortsverbindungsstraße von Vorra nach Hirschbach. Der Bequemlichkeit halber bleiben wir die nächsten eineinhalb Kilometer auf dieser Piste, die mit bis zu 12 % Gefälle durch sattes Grün wieder bergab führt (Vorsicht: relativ beliebt bei Radfahrern) und man merkt, warum dieser Landstrich »Fränkische Alb« genannt wird, auch wenn wir uns mittlerweile in der Oberpfalz befinden. Wir erreichen die Ausläufer von Hirschbach am *Gasthaus Zur Mittelbergwand*, wo wir auf die Hauptstraße treffen. Hier gehen wir links auf dem Gehsteig einen knappen Kilometer bis zur Ortsmitte, wo linker Hand der *Gasthof Zum Goldenen Hirsch* erscheint. Natürlich kann man hier schon an eine Stärkung denken – indes, die anspruchsvollen Wegabschnitte liegen noch vor uns und ein voller Bauch klettert nicht gern.

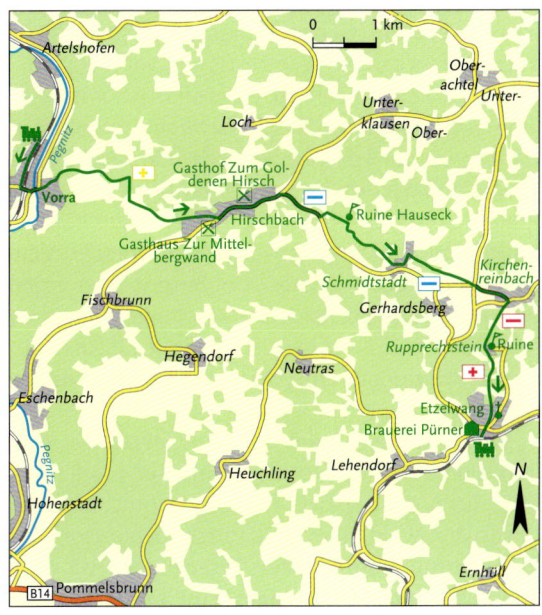

Welche Ruine?

Ab Hirschbach ist die Markierung »blauer Querstrich« für uns maßgeblich. Diese führt an der Ampel zunächst rechts und gleich wieder links parallel zur Hauptstraße aus dem Ort hinaus (man könnte auch gleich an der Hauptstraße weitergehen). Etwa 100 Meter nach dem Ortsschild zeigt ein Straßenwegweiser nach rechts, Richtung Kirchenreinbach und Schmidtstadt. An dieser Straße geht auch unsere Markierung entlang. Wir folgen dem Verlauf gute 500 Meter bergan, bis die Markierung nach links in einen Feldweg abzweigt (zu sehen ist auch ein grüner Punkt und eine »3« auf grünem Grund). Nun heißt es aufgepasst, denn schon kurz danach weist uns der blaue Querstrich auf einen Trampelpfad halb rechts in den Wald hinein. Alsbald verlassen wir das Gehölz wieder und gehen am Waldrand auf einer Wiese weiter, bis es abermals nach rechts in den Wald geht und ein relativ ehrgeiziger Anstieg zur Burgruine Hauseck beginnt. Die Ruine ist als solche am besten noch während des Anstiegs von der Nordseite zu erkennen. Hat man den rund 500 Metern hoch gelegenen Schlossberg erst einmal erklommen, ist nur noch etwas von der ehemaligen Unterburg zu sehen, die im Laufe der Jahrhunderte zu landwirtschaftlichen Gebäuden umgebaut wurde. Von der Oberburg gibt es noch Mauerreste, die vom Abgang bedroht sind. Was hier kaum noch zu erkennen ist, wurde 1327 oder 1338 – die Quellen sind widersprüchlich – erstmals urkundlich erwähnt, war in der Folgezeit erst böhmisches Lehen, dann bayerischer Besitz und wurde Anfang des 16. Jahrhunderts an die Freie Reichsstadt Nürnberg verkauft. Zerstört wurde die Burg im Markgrafenkrieg 1552–1554 von Albrecht Alcibiades. An der besonders hohen Dichte von Burgen und Schlössern in dieser Gegend ist übrigens die »Goldene Straße« schuld, die im Mittelalter von Nürnberg nach Prag führte und von den zahlreichen Anrainern entsprechend gesichert und beobachtet werden musste.

Wir kommen wieder auf eine Teerstraße, die leicht bergab durch den kleinen Ort und schließlich aus ihm hinaus führt. Kurz nach dem letzten Haus geht links eine Anzahl von Wegen in den Wald hinein, darunter auch unser blauer Querstrich in Richtung Schmidtstadt. Wir gehen etwa einen Dreiviertelkilometer durch idyllisches Grün weiter talwärts, bis wir wie-

Bis 1974 noch eine Landschule: das Schloss von Kirchenreinbach.

der auf eine geteerte Straße treffen. Weiter geht es aber nicht auf dem Asphalt, sondern auf dem ganz linken Schotterweg, wo auch der blaue Querstrich auf einem Strommast zu erkennen ist. Der Untergrund geht in einen Wiesenweg über, und wir wandern an einem Hang mit vereinzelten Wochenendhäusern entlang, der nette Ausblicke in das Tal bietet. Nach knapp 500 Metern sind wir dann in Oberschmidtstadt. Der blaue Querstrich geht geradeaus über die kleine Straßenkreuzung, wir durchqueren ein landwirtschaftliches Anwesen und gehen dann links am Zaun des Hauses mit der Nummer 2 weiter. Jetzt heißt es wieder aufgemerkt, denn nach ca. 100 Metern zweigt unsere Markierung halb rechts vom Hauptweg ab, führt weiter in den Wald hinein und gleich wieder hinaus. Wir setzen die Strecke auf einer Wiese am Waldrand entlang fort. Stetig geht es hangabwärts, bis wir nur durch ein paar Meter Acker getrennt auf eine Straße treffen. Nach Überwindung der landwirtschaftlichen Nutzfläche wird die Tour auf einem fast gegenüberliegenden Feldweg fortgesetzt, der blaue Querstrich ist sehr schön groß und deutlich angebracht. Leicht bergab geht es weiter, an einem einzelnen Hof vorbei und schließlich auf eine Teerstraße. Hier halten wir uns links, überqueren die alsbald folgende Landstraße und wandern mit langsam einsetzenden Durst auf Kirchenreinbach zu. Wir kommen auf dem »Kirchenweg« in den Ort hinein und müssen uns bei einer großen Gabelung entscheiden. Links am Dorfbach entlang kommen wir in den Ortskern, hier warten eine Gaststätte und ein weiteres Schloss auf geneigte Besucher. Das Schloss wurde als Hofmark 1383 erstmals urkundlich erwähnt und beherbergte von 1877 bis 1974 eine Landschule. Heute ist die Gemeinde Etzelwang Besitzer des Schlosses. Die Wohnräume sind vermietet. Im Schlossgarten haben die emsigen Mitglieder des örtlichen Obst- und Gartenbauvereins einen Kräutergarten angelegt, der kostenlos besucht werden kann.

Zwei Nikoläuse

Unsere Tour jedenfalls führt an der Straßengabelung nicht nach links am Bach entlang, sondern nach rechts über den Bach hinüber. Alsdann auf der Hauptstraße wieder nach rechts und aus dem Dorf hinaus. Von jetzt an halten wir uns an die Markierungen »rotes Kreuz« und »roter Querstrich«. Kurz vorm Ortsschild weisen uns die Markierungen nach links auf einen Wirtschaftsweg. Wieder geht es kraftvoll bergauf. Der Weg wird alsbald unbefestigt und schlängelt sich durch Felder hindurch. Nach etwa 300 Metern trennen sich die roten von den grünen Markierungen, wir gehen mit den roten nach links und weiter aufwärts durch einen alten Buchenwald. Bei einer Pferdekoppel haben wir den größten Teil des Aufstiegs hinter uns und verlassen den Wald. Wir halten uns links. Nochmal geht es auf einem kurzen Stück groben Traktorfahrwegs aufwärts und wir finden uns auf einer Teerstraße wieder, die nach gut 100 Metern bei der Ruine Rupprechtstein endet.

Von dieser Burg ist ebenfalls nicht mehr viel erhalten, auch wenn die mittlerweile hier errichtete Gaststätte zunächst einen anderen Eindruck vermittelt. Von der 1243 erstmals erwähnten Anlage gibt es nur noch ein Kellergewölbe und einen Turmstumpf, der erstiegen werden kann. Ob der am Hang befindliche mannshohe Plastikbär den Ort sehenswerter macht, sei dahingestellt. Sympathischer sind jedenfalls die echten Ziegen und Schafe, die in einem kleinen Gehege gegenüber des Lokals einen entspannten Kontrapunkt zum schon arg mitgenommenen Wanderer bilden. Aber wer es bis hierher geschafft hat, braucht auch die letzten zwei Kilometer nicht zu fürchten.

Noch vor dem ersten Burgtor zweigen die Markierungen nach links in einen Trampelpfad ab. Es geht nun ordentlich bergab, alsbald erreichen wir ein Wegkreuz. Wir halten uns weiter an das rote Kreuz bzw. den roten Querstrich und gehen zunächst links und nach wenigen Metern bei einer Gabelung wieder rechts. Kurz darauf kommen wir bei einer weiteren Gabelung aus dem Wald heraus. Die Wegweiser sind nicht ganz eindeutig, aber wer sich links hält, geht hier richtig. Schließlich überqueren wir eine Wiese und befinden uns in einem Neubau-Ausläufer von Etzelwang. Wir gehen an der asphaltierten Straße zunächst links und gleich wieder rechts (Markierungen sind auf einem Stromverteilerkasten zu sehen). Kurz darauf sind wir wieder in einem Waldstück. Es folgen eingezäunte Gartengrundstücke, zwischen denen der Weg immer schmaler wird, dann geht es noch über ein kurzes Stück Wiese, bis wir den Ort respektive dessen Teerstraßen erreichen. Wir folgen weiter unseren Markierungen, gehen zuerst links und dann rechts, wo wir auf den Friedhof und die Pfarrkirche stoßen, die dem heiligen Nikolaus von Myra geweiht ist.

Aber auch ein anderer Nikolaus spielte kurzzeitig eine Rolle in der Gemeinde. Der Hollywood-Star und Oscar-Preisträger Nicolas Cage erwarb nämlich im Jahr 2006 für zwei Millionen Euro das etwa einen Kilometer östlich gelegene Schloss Neidstein, welches sich im Gegensatz zu den bisher besuchten Ruinen in einem bewohnbaren Zustand befindet. Cage hatte sich damals angeblich auf seine deutschen Wurzeln besonnen und ein passendes Wochenendhäuschen gesucht. Etwa auf Höhe der Kirche zweigt die Markierung »blauer Querstrich« nach links ab und führt in unmittelbare Nähe des Schlosses, wobei man vom Gebäude selbst kaum etwas zu sehen bekommt (etwas erhöht ist abseits des Weges stellenweise die Spitze des weißen Rundturms zu sehen). Jedenfalls währte die Freude über den prominenten Neubürger in Etzelwang nicht lange: schon 2009 verkaufte Cage das Schloss wieder an einen Amberger Anwalt, der es nun einer regional eingebundenen Nutzung zuführen will. Warum Cage diesen spontanen Sinneswandel hatte, ist unklar; es wird von finanziellen Problemen geunkt.

Wichtiger ist jetzt aber die wohlverdiente Erfrischung. Daher gehen wir weiter bergab, bis wir auf die Hauptstraße treffen. Hier halten wir uns links und sehen schon kurz darauf die Braustätte der *Brauerei Pürner*. Kurz danach geht ein Weg rechts ab zum Bahnhof, wobei eine schmale Unterführung zum jenseitigen Gleis führt. Diese sollte man benutzen, wenn man sich einen Umweg ersparen will. Auf der anderen Seite kommen wir auf einen Feldweg, der leicht hangwärts führt. Der Bierkeller ist halbrechts schon gut zu sehen und nach wenigen hundert Metern erreicht. Leider verfügt die *Brauerei Pürner* nur über diesen Keller und nicht über einen Gasthof, daher sollte diese Tour nur in den Sommermonaten und nur am Wochenende gemacht werden. Der Keller liegt schön schattig und bietet auch bei höheren Temperaturen einen erfrischenden Aufenthalt. Es gibt reichlich Bierauswahl und kleine Gerichte, die den Hunger stillen. Mit dem Hellen vom Fass kann man hier nichts falsch machen und wir ahnen: Warum auch immer Herr Cage nicht nach Etzelwang ziehen wollte, am Bier kann's nicht gelegen haben.

Veit Bronnenmeyer

Das Bier:
Brauerei Pürner, Hauptstr. 3, 92268 Etzelwang, Tel. 0 96 63/ 12 09, www.felsenkeller-etzelwang.de, Ostern–Ende Okt Fr ab 16.00, Sa, So, Fei ab 10.00. Helles vom Fass, außerdem Pils, Weißbier, dunkles Märzen, Kellerbier (Festbier) und Bock. Kleine Gerichte.

Informationen:
Verwaltungsgemeinschaft Neukirchen b. Sulzbach-Rosenberg, Am Rathaus 1, 92259 Neukirchen b. Sulzbach-Rosenberg, Tel. 0 96 63/91 30-0, www.etzelwang.de.
Touristinformation Frankenalb, Waldluststraße 1, 91207 Lauf, Tel. 0 91 23/9 50-60 61, www.frankenalb.de.
Karte:
Fritsch Wanderkarte Nr. 53, *Naturpark Fränkische Schweiz, Blatt Süd* (auf der Rückseite).

Glatzenstein und Enzenstein(er) 21

Tour: Schöne Wanderrunde hinauf zum Glatzenstein und über die Höhen der Frankenalb zurück zur Biobrauerei.
Länge: Ca. 10 km.
Dauer: Reine Gehzeit ca. 3 Stunden.
Familie: Kindern gefallen die Festung Rothenberg und das Felslabyrinth am Glatzenstein. Mit Kinderwagen ist der Aussichtspunkt allerdings kaum zu erreichen.
Saison: Die Hänge um Siegersdorf sind zur Zeit der Obstbaumblüte besonders schön. Im Winter ist der Aufstieg zum Glatzenstein mühsam und die Orientierung auf den offenen Flächen möglicherweise schwierig.
Besonderheiten: Die Tour kann ergänzt werden mit einer Besichtigung der Festung Rothenberg. Siehe dazu auch »Festung und Kanone« im *Ausflugs-Verführer Bierfranken Bd. 1*.
Variante: Vom Glatzenstein mit dem roten Querstrich zum Großen Hansgörgl und mit dem gelben Kreuz zurück zum Jura-Gebirgsweg.
Anfahrt: *Kfz:* Auf der A9, Ausfahrt Schnaittach, in Schnaittach folgen wir der Beschilderung nach Rabenshof.
Ausgangspunkt: Wanderparkplatz unterhalb von Enzenreuth an der Straße von Schnaittach nach Rabenshof.

Gegen den Trend

Wir schreiben das Jahr 1998. Ganz Franken ist vom Brauereisterben betroffen. Ganz Franken? Nein! Im kleinen Dorf Enzenreuth bei Schnaittach schafft sich der Biobauer Martin Kreß in diesem Jahr eine eigene Brauanlage an. Seitdem wird hier an Wochenenden das Enzensteiner Bier an die durstigen Ausflügler ausgeschenkt.

Unsere Tour findet in der Braustube bzw. bei schönem Wetter im Biergarten auf dem Hof der Familie Kreß ihren Abschluss.

Zuvor wird der Aussichtsfels des Glatzenstein bestiegen. Ein weiter Bogen durch Wald und Feld führt uns schließlich zurück nach Enzenreuth.

Vom Wanderparkplatz aus gehen wir mit dem »roten Andreaskreuz« hinauf zur Festung Rothenberg. Eine Besichtigung der Anlage aus dem 18. Jahrhundert lohnt sich, verlangt aber zwei zusätzliche Stunden.

Vor dem Eingang der Festung wechseln wir nach links (Wegweiser »Siegersdorf«) auf den »roten Querstrich« (Frankenweg) über. Dieser führt uns abwärts durch den Wald und schließlich durch Obstwiesen hinunter nach Siegersdorf, das man schon von Weitem liegen sieht. Wir überqueren beim Wegkreuz die Straße und folgen dem roten Querstrich durch den Ort. Am Ortsende wandern wir mit der Markierung einen Fahrweg am Waldrand bergauf.

Stets bergwärts

Nach kurzer Zeit zweigt der rote Querstrich nach rechts in den Wald ab und führt uns stetig und nun etwas steiler auf einem engen Pfad den Berg hinauf. Ein Waldweg wird überquert, wir folgen stets dem roten Querstrich, an der ersten Abzweigung links, bald darauf rechts abbiegen. Kurz vor dem Gipfel besteht rechter Hand die Möglichkeit, einen Abstecher ins Felsenlabyrinth zu machen. Im Wald unter uns liegen mehrere große Felsblöcke und kleine Höhlen, besonders die Kleinen fühlen sich hier in eine Märchenlandschaft oder eine Szenerie aus einem Fantasyfilm versetzt.

Schließlich erreichen wir den Glatzenstein, ein Felsmassiv, wie es für die Frankenalb so typisch ist. Die bizarren Formationen, man betrachte nur den mit einem eisernen Fähnchen gekrönten »Champagnerkorken«, sind Reste von Kalkriffen aus der Zeit vor 180 Millionen Jahren, als Franken noch vom Jurameer bedeckt war. Den Blick von hier oben sollte man sich keinesfalls entgehen lassen: Man sieht die Feste Rothenberg, Schnaittach natürlich, aber auch den Moritzberg und bei gutem Wetter sogar bis nach Nürnberg.

Vom Gipfel gehen wir wieder ein Stück den Weg zurück und folgen gegenüber der Informationstafel der Markierung des Archäologischen Wanderwegs (das sogenannte »Speikerner Reiterlein«, eine in der Gegend gefundene Grabbeigabe, im grünen Kreis). Der Weg erschließt dem Interessierten das Gebiet um den Glatzenstein und führt vorbei an mehreren erhaltenen und rekonstruierten Überresten aus der älteren Eisenzeit. Er biegt hier nach rechts ab, wir wenden uns sehr bald nach links und verlassen den »roten Querstrich«, der nach rechts zum Großen Hansgörgl führt. Mit dem teilweise etwas undeutlich markierten »Speikerner Reiterlein« gehen wir weiter durch den Wald.

Zurück zum Enzenstein(er)

Bei einer kleinen Fachwerkscheune treten wir hinaus auf offene Felder. Hier biegen wir unmittelbar nach links in Richtung Weidenschlag ab und gelangen bald zu einer Rastbank. Erneut biegen wir nach links ab. Unser weiterer Weg verläuft nun in einem weiten Rechtsbogen; der Archäologische Wanderweg verlässt uns unterwegs nach links.

Kurz darauf führt an einer Wegkreuzung die Straße geradeaus hinunter nach Oberkrumbach, von rechts kommt der Wanderweg vom Großen Hansgörgl. Wir gehen an dieser Stelle nach links und folgen von nun an mit dem »gelben Kreuz«

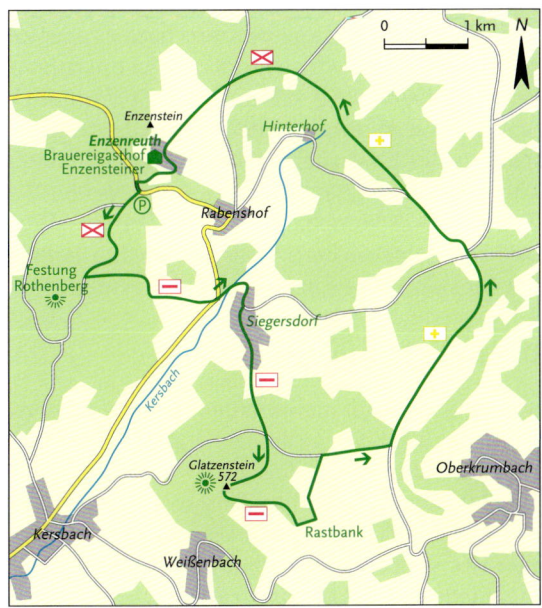

Gipfelkreuz am Glatzenstein.

dem Jura-Gebirgsweg, einem befestigten Feldweg. Wo der Weg an einer Kreuzung rechts nach Moorsbrunn abzweigt, gehen wir geradeaus weiter. Die Straße führt nach kurzer Zeit hinunter in die Einöde Hinterhof; davor zweigen wir, nach wie vor mit dem gelben Kreuz, nach rechts auf einen Feldweg ab. Im Wald wendet sich das gelbe Kreuz nach einiger Zeit nach rechts zum Hohenstein, wir aber orientieren uns am »roten Andreaskreuz« (Albquerweg), das uns nach Enzenreuth bringt.

Vor unserer Einkehr sehen wir auf der rechten Seite das Gipfelkreuz des Enzensteins. Hier kann man einen schönen Blick auf Schnaittach genießen, allerdings machen Weidezäune den Zugang etwas kompliziert und der Felsen selbst ist ausgesetzt und völlig ungesichert. Vielleicht begibt man sich doch gleich zur Einkehr in die Enzenreuther Braustube.

Bier beim Biobauern

Martin Kreß braut mehrere Biersorten. Eine hervorragende Begleitung zum Sonntagsbraten sind das bernsteinfarbene Landbier und das helle Hefeweizen. Außerdem sind Spezialitäten wie Bockbier, Schwarzhaferbier sowie das pilsähnliche Imperial erhältlich. Und dann gibt es noch das »außergewöhnlichste Bier der Welt« (Eigenwerbung). Zusammen mit einem Brauingenieur der TU München ist es dem Braumeister Kreß gelungen, auf der Basis historischer Quellen und mittels eines authentischen Brauverfahrens ein mittelalterliches, würziges Starkbier zu rekonstruieren. Das »Vetus Millena« schmeckt, solange der Vorrat jeweils reicht, wie im Kloster St. Gallen vor 1000 Jahren.

Brauerei und Hof arbeiten nach Bioland-Richtlinien, bei der Tierhaltung konzentriert man sich auf Geflügel. Von der hohen Qualität der Produkte kann sich der Gast beim Gansessen überzeugen; auf Vorbestellung ist das Federvieh auch bratfertig zum Mitnehmen zu haben.

Braustube und Biergarten sind an Freitagen und Wochenenden bzw. für Gruppen nach Absprache auch unter der Woche geöffnet. Der Gast sitzt in der Stube direkt neben dem Sudkessel, die Karte bietet die bekannten fränkischen Schmankerl auf gutem Niveau (an ihren Schäufele sollt Ihr sie erkennen!) sowie zu besonderen Terminen auch Fisch, Steaks und Rippchen aus dem Holzbackofen (auch hier ist eine Vorbestellung sinnvoll).

Eigentlich geht es das ganze Jahr hindurch recht bunt zu auf dem Enzenreuther Hof. Der Veranstaltungskalender auf der Homepage weist hin auf Maifeier und Live-Konzerte, Osterlammessen und ein mittelalterliches Braufest mit Musik und Ritterspiel.

Die Braustätte in Enzenreuth lebt also, das Brauereisterben aber, Gott sei's geklagt, geht ansonsten auch im Jahr 2011 kaum vermindert weiter.

Martin Weirauch

Das Bier:
Brauereigasthof Enzensteiner, **Martin Kreß, Enzenreuth 8, 91220 Schnaittach, Tel. 0 91 53/92 47 33, www.enzensteiner.de, Fr 11.00–22.00, Sa, So, Fei 10.00–22.00, Bräustüberl ganzjährig, Biergarten März–Okt. Landbier, helles Hefeweizen, Festbier und Bockbiere (nach Saison), »Vetus Specialis«, »Vetus Millena«. Braumeister Kreß bietet auf Anfrage auch Bier- und Brauseminare an.**

Wanderung über den Glatzenstein nach Enzenreuth

Biergarten des *Brauereigasthofs Enzensteiner*

Informationen:
Archäologischer Wanderweg, www.neunkirchen-am-sand.de, Link Gemeinde bzw. Kultur und Bildung.
Festung Rothenberg, Tel. 0 91 53/80 78, Hotline 01 71/ 6 88 98 86, www.festung-rothenberg.de, Apr–Okt Besichtigungen tägl. außer Mo 10.00–18.00 zur vollen Stunde.
Karte:
Appelt Wanderkarte 1:35 000, *Südliche Fränkische Schweiz/ Hersbrucker Schweiz.*

Der romantischste Biergarten der Welt 22

Tour: Landschaftlich wunderschöne Runde von Neukirchen bei Sulzbach-Rosenberg über Grasberg, Mittelreinbach, Zantberg, Holnstein und Hartenfels.
Länge: Ca. 11 km.
Dauer: Ca. 3,5 Stunden.
Familie: Nicht ganz anspruchslos, ein wenig Trittsicherheit ist notwendig. Für größere Kinder aber gut zu schaffen.
Saison: Ganzjährig.
Variante: Abkürzungen sind möglich, führen aber dazu, dass man den Höhepunkt, die »Hohe Zant«, zwangsläufig auslässt.
Anfahrt: *Kfz:* A 9/Ausfahrt Lauf-Nord/Hersbruck und weiter auf der B14 bis Ausfahrt Neukirchen. Ab da ca. 3 km bis Neukirchen. *ÖPNV:* Mit dem Zug ist Neukirchen bei Sulzbach-Rosenberg durch den Pendolino mit einer Fahrtzeit von rund 40 Minuten optimal an Nürnberg angebunden.

Die ganz besondere Rast auf dem Zantberg

Zugegeben, Neukirchen ist nicht mehr in Franken, sondern befindet sich fünf Kilometer hinter der Grenze auf Oberpfälzer Gebiet. Sträflich wäre es aber, in diesem Falle so kleinlich zu sein und ausgerechnet den romantischsten Biergarten der Welt nicht zu behandeln. Wir drücken also ein Auge zu und starten eine landschaftlich attraktive Runde am Bahnhof von Neukirchen bei Sulzbach-Rosenberg. Wir durchqueren das Städtchen in nördlicher Richtung und orientieren uns am Kirchturm. »Am Anger« geht es rechts ab in die Kiefernstraße Richtung Sportgelände. Wir erreichen einen großen Wanderparkplatz am Sportheim. Ab hier führt uns das »grüne Kreuz« bis zur Zantberghütte. Zunächst wandern wir links entlang der Tennisplätze auf freies Feld.

Dörfer, Felder, Wälder, Wiesen

Schon nach kurzer Zeit erreichen wir die Straße nach Grasberg und halten uns links. Mit einer Rechtskurve laufen wir nach Grasberg hinein und an der Engstelle mit unserer Markierung und einem Wegweiser zum »Zantberg« nach links hinaus. Etwa 400 Meter hinter dem Ort biegen wir nach links ab. Es geht ein Stück am Waldrand entlang, dann taucht der Weg in den Wald ein. An einer kleineren Weggabelung nach etwa 200 Metern halten wir uns rechts. Wir erreichen eine Forststraße, halten uns kurz rechts und gleich wieder links. Bis Mittelreinbach führt uns der Weg nun immer geradeaus.

Wenn wir die Durchgangsstraße erreichen, gehen wir – der Beschilderung folgend – kurz nach links und nach wenigen Metern sofort wieder nach rechts hoch. Gleich nach dem ersten Haus geht es nach links bergauf.

Dann verzweigt sich der Weg. Wir wählen den Pfad halblinks. Die Grünkreuz-Markierung ist an dieser Stelle etwas verwittert. Stetig wandern wir auf diesem schönen Weg bergauf. Auf der Anhöhe treffen wir auf eine Lichtung, an deren linken Rand wir weiterwandern. Achtung: Wenn sich die Lichtung verengt, führt ein kleiner Pfad – den wir wählen – nach links in den Wald.

Dort verbreitert sich der Weg wieder. Dann zweigt unser Weg nach rechts ab und steigt kräftig bergauf.

Gut markiert beginnt der Schlussaufstieg in Serpentinen zum Gipfel des Zantberg auf 650 Meter.

Wunderbare Hüttenwirtschaft

Ganz unversehens treffen wir versteckt im Wald auf einen Biergarten und eine Hüttenwirtschaft. Eine schönere Rast hat man selten gesehen. Man wähnt sich fernab vom Trubel der Welt, die Vögel singen, und das Bier und die Brotzeiten schmecken vorzüglich.

Die Hütte auf der Hohen Zant ist im Sommer an Wochenenden und Feiertagen geöffnet. So ganz sicher sind diese Öffnungszeiten aber nicht, zudem hängen sie auch vom Wetter ab. Ein Anruf vorab wird daher empfohlen.

Wenn die Hütte allerdings geöffnet ist, sollte man sich für eine gemütliche Einkehr Zeit lassen. Erst nach einer Weile wirkt dieses Idyll in ganzer Pracht auf Herz und Sinn. Ein kühles Holnsteiner tut das Seinige dazu.

Zurück über die *Schlossbrauerei*

Nach einer ausführlichen Rast steigen wir links des Biergartens anfangs mit dem »blauen Querstrich« bergab. Nun wird es etwas unübersichtlich. Wir sehen nach wenigen Metern die Markierung »rote 8«, die uns aber kurz darauf nach links verlässt, während wir mit dem blauen Querstrich weiter bergab gehen. Dann verlässt uns der blaue Querstrich und die rote »8« übernimmt erneut. Vereinfacht gesagt: Folgen wir dem Weg geradeaushaltend steil bergab.

Ein wunderschöner schmaler Waldweg führt uns über Felsen hinunter. Mit etwas Aufmerksamkeit findet man die gute Beschilderung und den Weg durch die vielen Abzweigungen. Nach dem ersten steilen Abstieg geht es kurz rechts und gleich darauf wieder links.

Wir treten aus dem Wald und erreichen Felder und Wiesen. Ein Wirtschaftsweg führt uns hier nach rechts weiter ins Tal. Wir erreichen den Ortsrand von Steinbach. Nun beginnt ein

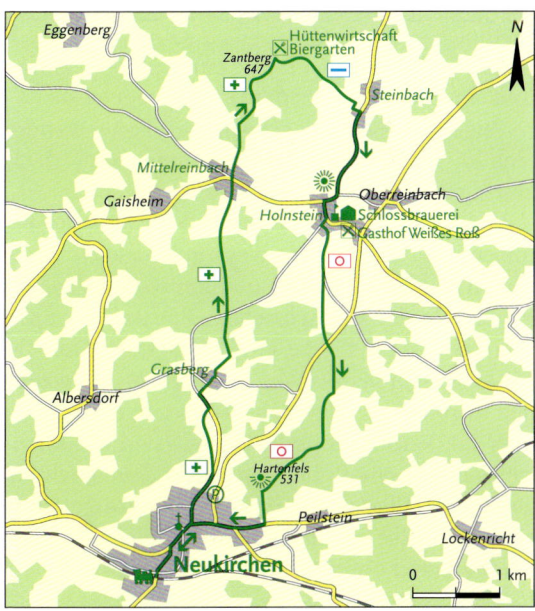

kurzer, etwas weniger schöner Abschnitt der Wanderung. Wir halten uns rechts und folgen der Landstraße einige hundert Meter nach Holnstein. Belohnt werden wir dennoch durch einen Blick auf die Hohe Zant und die Aussicht, in Holnstein ein weiteres der guten Biere aus der *Schlossbrauerei* zu verkosten.

Feiner Schweinebraten für 5,40

Ja, gelegentlich muss man es in nüchternen Zahlen ausdrücken. Qualität hat natürlich ihren Preis. Wie hoch er sein muss, wird in dieser Spruchweisheit nicht ausgesagt. Und so bekommt man gerne in etwas abgeschiedenen Gegenden ein wunderbares Essen für, ja, in Worten fünf vierzig.

In Erwartung dessen laufen wir durch Holnstein, das mit einem Schloss nebst Kapelle und Brauerei aufwarten kann. Sehenswert ist insbesondere die mit Stuck und Wappen verzierte Schlosskapelle, die der heiligen Katharina geweiht ist. Der Chorraum in Rokoko steht in Kontrast zum schlichten Kirchenschiff.

Neben dem Schloss entdecken wir die *Schlossbrauerei* und direkt gegenüber den *Gasthof Weißes Roß*. Dass eine Metzgerei dazugehört, ist ebenso typisch wie vorteilhaft für einen Landgasthof.

Die *Schlossbrauerei* bietet ein Weißbier, ein Helles, ein Pils und ein Dunkles, allesamt unaufgeregt lecker.

Zugegeben, es fällt schwer, bei dieser Wanderung in einen rechten Marschschritt zu kommen, zu verlockend sind die zünftigen Einkehrmöglichkeiten.

Wie auch immer wir uns entscheiden, am Biergarten führt unser Weg nach rechts weg und sogleich wieder links. Hier finden wir die Markierung »roter Kreis«. Unser nächstes Ziel, Hartenfels, ist angeschrieben. Entlang des Sportplatzes wandern wir weiter bis zu einer Gabelung. Dort folgen wir dem gut ausgeschilderten Weg nach rechts und wählen kurz darauf den linken Weg. Dieser führt uns geradewegs in den Wald und über die Verbindungsstraße zwischen Neukirchen und Holnstein. Der geschotterte Weg knickt dann nach links ab, wir folgen einem Pfad mit dem »roten Kreis« geradeaus. Wir treten aus dem Wald und halten uns an einer Kreuzung geradeaus, am Waldrand entlang hinaus aufs freie Feld.

Hüttenwirtschaft auf der Hohen Zant.

Erneut erreichen wir eine Straße. Hier etwas aufpassen: Wir gehen kurz nach rechts etwa 50 Meter bergab und sofort wieder nach links in Richtung Hartenfels.

Über den Hartenfels zurück

Der wunderschöne schmale, schattige Waldpfad führt durch Buchenmischwald. Zunehmend bestimmen bizarre Felsen die Landschaft. Wer ein gutes Auge hat, kann hier bis zu 14 verschiedene Orchideenarten entdecken und mit ganz viel Glück ein Großes Mausohr beobachten – eine Fledermausart, die im Kirchturm Neukirchens Quartier bezogen hat.

An einer Kreuzung biegen wir ab zu einem Abstecher auf den Hartenfels, mit 534 Metern der Hausberg der Neukirchener. Auf dem historischen Bergmassiv stand einst eine mittelalterliche Wehranlage, bestehend aus Vor- und Hauptburg. Die beiden Wälle sind noch gut zu erkennen. Nach dem ersten Wall sind wir auf der Vorburg; direkt nach dem zweiten Graben finden sich wenige spärliche Mauerreste, und man betritt die ehemalige Hauptburg, deren Geschichte weitestgehend unbekannt ist. Nach wie vor bestens erhalten ist die Aussicht auf Neukirchen von der Bank an der Spitze der Hochfläche.

Zurück an der Kreuzung folgen wir nun dem bequemen Wanderweg steil bergab und erreichen wieder Neukirchen.

Reinhard Weirauch

Das Bier:
Hüttenwirtschaft auf der Hohen Zant, Tel. 0 96 65/3 27; Mai–Okt Sa, So 10.00–17.00.
Gasthof und Metzgerei Weißes Roß, Holnstein 23, 92259 Neukirchen, 0 96 63/9 52 33, www.gasthaus-holnstein.de, tägl. ab 10.00, Mo Ruhetag.

Extras:
Innenhof und Kapelle von Schloss Holnstein sind nach Absprache mit dem Besitzer, der *Schlossbrauerei,* möglich. Karola Haberler, Schlossbrauerei Holnstein KG, Holnstein 24–28, 92259 Neukirchen b. Sulzbach-Rosenberg, Tel. 0 96 63/12 48.
Literatur:
Lang: *Höhlen in Franken.* Nürnberg, 2002.
Karte:
Fritsch Wanderkarte Nr. 80, *Frankenalb.*

Fränkische Brauereitradition – Tod und Wiedergeburt

Was für die Demografie gilt, kann auch auf die Situation des privaten Brauwesens in Franken übertragen werden: Betrachtet man die Mortalität und die Geburtenrate, ergibt sich ein negativer Saldo. So beunruhigend dies auf den ersten Blick auch wirkt, muss doch die Tatsache unterstrichen werden, dass es überhaupt eine Geburtenrate gibt. Lange schien es ja so, als ob die Braukunst außerhalb industrieartiger Großbetriebe ein aussterbendes Relikt des letzten Jahrhunderts wäre. Zu schwierig war die wirtschaftliche Situation geworden, zu stark rückläufig der Bierkonsum, zu abgeschreckt der potenzielle Brauernachwuchs. Ein Übriges tut die Europäische Union mit neuen Richtlinien zu Brauverfahren und Anlagen. Ähnlich wie das Hausschlachten wird das Brauen für kleine Betriebe mit alter Ausstattung nahezu unmöglich gemacht. Dazu noch eine besonders rigide Umsetzungspraxis des Freistaates Bayern, und viele Brauereien hören lieber auf, als sechsstellige Summen, die sie eh nicht haben, in Tanks, Kessel und Technik zu investieren. Teilweise gehen die Brauer dazu über, das Bier nach eigenem Rezept von einer größeren Brauerei herstellen zu lassen. Dies ist immer noch besser als eine Geschäftsaufgabe, lohnt aber häufig nur, wenn man neben dem Bierverkauf ein zweites Standbein hat, eine gut laufende Gastronomie etwa. Schon lange wird dieses »Outsourcing« beispielsweise von der Wilden-Rose-Bräu in Bamberg betrieben (mit trotzdem hervorragendem Ergebnis; vgl. Ausflugs-Verführer Bierfranken, Band 1). In diesem Band kann man die Praxis bei der Brauerei Haag in Oberdachstetten (S. 172f.) finden oder bei Schinner in Bayreuth (S. 65 und 72).

Dennoch muss beklagt werden, dass wegen fehlenden Umsatzes, fehlender Nachfolge und leider nicht locker lassenden EU-Fesseln etliche Brauereien sterben.

Womöglich liegt es aber auch am Geschäftskonzept. Betrachtet man nämlich die Geburten, so lässt sich feststellen: Brauerei geht besser mit Gastronomie. Leider ist es äußerst schwierig, für Franken offizielle Zahlen zu bekommen, doch drängt sich der Verdacht auf, dass keine der in den letzten Jahren neu gegründeten Brauereien ohne eigenes Wirtshaus angetreten ist. Sei es das Elch-Bräu in Thuisbrunn (vgl. Band 1), Nikl-Bräu in Pretzfeld (S. 120f) oder das »Antla« in Kronach (S. 17f.) – überall findet der Bierforscher auch eine eigene Gaststätte vor, die meist sehr gut besucht ist. Die Küche schwankt dabei von einfach-rustikal bis fränkisch-gehoben. In Kronach gibt es darüber hinaus in jedem Monat ein Spezialbier; genauso verfährt die bereits 1990 neu gegründete Kommunbräu in Kulmbach (S. 31f.). Es ist also der Erlebnisfaktor, der Bierbrauen heute (wieder) attraktiv macht. Vielfalt ist wieder in, das Besondere, das Echte ist gefragt. Selbst auf Nürnberg lässt sich diese Regel übertragen. Hier erfreut sich im Stadtteil Gostenhof eine wachsende Klientel, die am Prenzlauer Berg in Berlin als »Bionaden-Biedermeier« bezeichnet werden, am »Schanzenbräu«, einer 2007 gegründeten Kleinbrauerei mit Gaststätte.

Unterm Strich könnte man von einer Rückbesinnung auf eine ursprüngliche Biertradition sprechen. Denn ehedem gab es zahlreiche Brauereigasthäuser, dafür keine Getränkemärkte, weswegen man sich den Biervorrat für zu Hause in einem geeigneten Gefäß vom Zapfhahn holte und dabei das erste Seidla gleich an Ort und Stelle verkostete. Ganz so wird es nicht mehr werden, aber der Biergenuss als gemeinschaftliches Ereignis fernab von Glotze und Ohrensessel scheint neben einer steigenden Bedeutung regionaler Identität in Zeiten globalen Einheitsbreis wieder etwas in Mode zu kommen – hurra!

Veit Bronnenmeyer

Hier bin ich Mensch, hier darf ich's sein   23

> **Tour:** Gemütliche und aussichtsreiche Rundwanderung von Neunhof über Tauchersreuth, Oedenberg und Günthersbühl.
> **Länge:** Ca. 9 km.
> **Dauer:** Ca. 2,5 Stunden.
> **Familie:** Der Weg ist abwechslungsreich und ideal für Familienspaziergänge.
> **Saison:** Ganzjährig.
> **Variante:** Eine etwas weitere Variante mit einem weiteren Patrizierschloss geht ab Neunhof zunächst nach Beerbach (roter Punkt) und von dort nach Tauchersreuth (gelbes Kreuz). Von dort wie beschrieben.
> **Anfahrt:** *Kfz:* Auf der B2 nach Kleingeschaidt abbiegen, ca. 5 km bis Neunhof. Parkplätze am Schloss.
> *ÖPNV:* Am Wochenende schwer erreichbar. Ab Lauf fahren wenige Linienbedarfstaxis (356) zu VGN-Preisen, die 30 Minuten vor Abfahrt vorbestellt werden müssen (Tel. 0 91 23/1 27 88).

Aussichtsreicher Rundweg nicht weit von Nürnberg

Ob Oster-, Pfingst- oder sonntäglicher Familienspaziergang – als Brauch war das Spazieren weit verbreitet. Heutzutage verfügt beinahe jeder über eine Outdoor-Ausrüstung, die alpinen Gefahren trotzt, und legt Wert darauf, mindestens zu wandern, wenn nicht gar Trekking oder Hillrunning zu betreiben.

Der gemütliche und abwechslungsreiche Rundweg bei Neunhof hätte das Zeug, dem gemächlichen Spazierengehen zu einer Renaissance zu verhelfen. Traditionsreiches begleitet diesen Weg zudem in vielen Facetten.

Die Gegend ist geprägt von alten, geschichtsträchtigen Dörfern mit beeindruckenden Anwesen und von Schlössern der Nürnberger Patrizierfamilien. Auch heute gehört diese stadtnahe Landschaft zu den beliebtesten Ausflugszielen der Großstädter. Entsprechend ist die Quantität wie auch Qualität der dortigen Gastronomiebetriebe.

Nur wenige Kilometer nordöstlich von Nürnberg befindet sich das Örtchen Neunhof mit der *Brauerei Wiethaler* und dem »Welser'schen Schlossgut«. 1109 erstmals erwähnt, geht das heutige Schloss auf einen Bau der Patrizierfamilie Geuder von Heroldsberg im 16. Jahrhundert zurück. 1660 wurde das Schloss dann an die Nürnberger Linie der Patrizierfamilie Welser verkauft. Das Schloss mit dem Barockgarten ist heute noch im Privatbesitz der Freiherrlich von Welser'schen Familienstiftung. Die Brauerei blickt auf über 500 Jahre Brautradition zurück.

Auf dem Tuchersteig bis Oedenberg

Von Schloss und Brauerei aus führt uns die Markierung »grünes Kreuz« die Hauptstraße entlang bergab. Sie markiert unseren Weg bis Oedenberg. Wir befinden uns auf dem »Tuchersteig« – ein Hinweis auf viele Schlösser, die dieser Weg verbindet, kein Hinweis auf die gleichnamige Brauerei.

Bald zeigt die Markierung nach links in den Brunnengraben. An alten Bauernhäusern entlang erreichen wir das Feld. Nach etwa 100 Metern taucht der Wanderweg in den Wald ein. Wenig später halten wir uns an einer Gabelung rechts und gehen auf einem bequemen Waldweg bergan. Nochmals halten wir uns an einer Gabelung rechts und wandern den Ochsenkopf hinauf. Der breite Weg zweigt dann nach links ab, das grüne Kreuz weist uns geradeaus auf einen schmaleren Pfad.

Wir erreichen die Höhe und eine kleine Lichtung und orientieren uns am Waldrand. Diesem folgen wir und kommen auf einen Landwirtschaftsweg. Hier halten wir uns rechts und sehen schon die ersten Dächer von Tauchersreuth vor uns liegen. Kurz vor dem Ort erfreut uns der erste wunderbare Fernblick auf die Fränkische Schweiz. Von links nach rechts sehen wir bei guter Sicht den Lindelberg, den Eberhardsberg und den Burgstall bei Rüsselbach; dazwischen ist Gräfenberg gut zu erkennen.

In Tauchersreuth fallen die vielen alten Bauernhäuser auf, an denen Tafeln mit der Geschichte des Hauses angebracht sind. Eine Einkehr ist bereits hier möglich. Der *Gasthof Adelmann* pflegt noch die alte Schlachtschüssel-Tradition.

Kurz vor dem Ortsschild weist uns das grüne Kreuz nach links. Sogleich dürfen wir den nächsten Fernblick genießen,

Gemütliche Rundwanderung nahe Nürnberg

diesmal auf die Großstadt Nürnberg. Natürlich sind Business Tower und Fernsehturm zu erkennen, bei gutem Wetter aber auch viele andere Gebäude.

Es folgt ein angenehmer Abstieg, eine Rechtsabbiegung ignorieren wir. Dann erreichen wir das Fahrsträßchen nach Oedenberg. Und nochmals ein Ausblick: Halblinks vor uns liegt der Moritzberg.

Wir erreichen Oedenberg direkt am *Gasthaus Zum Schloß*. Das Schloss wurde erstmals 1177 als Schottenkloster urkundlich erwähnt. Die Schottenklöster sind meist in Süddeutschland gelegen und gehen auf Gründungen von irisch-schottischen Mönchen zurück. Von Irland ging seit dem Frühmittelalter rege Missionstätigkeit aus. 1553 brannte das Oedenberger Schloss im Markgräflichen Krieg ab und wurde 1730 als Jagdschlösschen wieder aufgebaut. Seit 1865 wird die Gaststätte mittlerweile in der sechsten Generation von der Familie Fensel geführt. Eine Einkehr kann bei so viel Tradition und einer so guten Küche empfohlen werden.

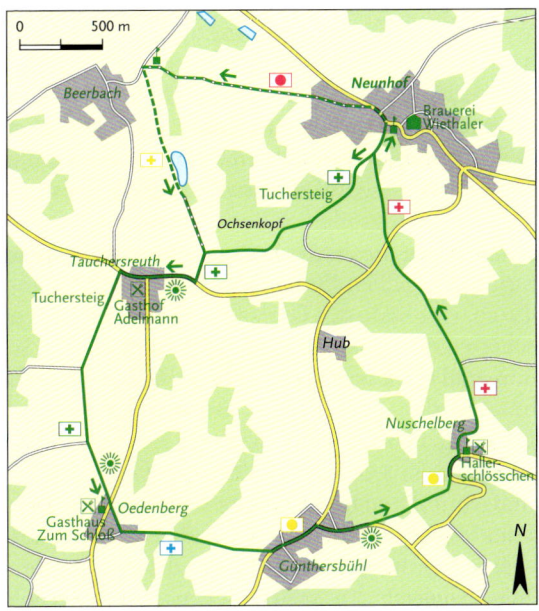

Kurz vor Tauchersreuth.

»Durch die Wälder, durch die Auen, zog ich leichten Sinns dahin.«

Waldreich und schön beginnt nun der Rückweg. Am Eingang des Gasthauses halten wir uns links und schreiten bergab. An der Oedenberger Hauptstraße gehen wir nun mit dem Wanderzeichen »blaues Kreuz« nach links. Bergab geht es in den Wald hinein, und wir überqueren ein Bächlein namens »Kleine Gründlach«. Auf der anderen Seite bergan erreichen wir schnell einen großen Reiterhof und damit Günthersbühl. Am Ortseingang wechselt nochmals die Markierung. Wir folgen nun dem »gelben Punkt« nach links durch Günthersbühl hindurch. Am Ende des Ortes freuen wir uns über einen weiteren schönen Ausblick, diesmal in die Hersbrucker Schweiz hinein.

Kurz hinter dem Ortsschild weist uns der gelbe Punkt nach links in den Wald hinein. Bergab erreichen wir eine kleine Lichtung nebst romantischem Teich. Auf der gegenüberliegenden Seite geht es ein wenig kräftiger bergauf. Der Weg ist weiterhin gut markiert, an dieser Stelle allerdings ist der gelbe Punkt schon einige Jahre alt und etwas verwittert. Zügig erreichen wir – die letzten Meter auf der Fahrstraße – das Örtchen Nuschelberg.

Hier birgt heute ein weiteres historisches Schloss empfehlenswerte Gastronomie. Das *Hallerschlösschen Nuschelberg* gehörte 1766–1815 der Patrizierfamilie Haller von Hallerstein, einer der ältesten Patrizierfamilien Nürnbergs. Stammsitz war das heutige Spielzeugmuseum, in und um Nürnberg gab es Dutzende Besitzungen. Die Hallerstraße, das Hallertor, die Hallertorbrücke, die Hallerwiese, die Hallerhüttenstraße und manches mehr erinnert an diese bedeutende Familie.

Ein letztes Mal wechselt die Markierung: Das »rote Kreuz« übernimmt die Führung nach Neunhof. Wir wandern jetzt zunächst auf einem schmalen Teersträßchen, das dann in einen geschotterten Waldweg übergeht, und erreichen die Verbindungsstraße von Günthersbühl nach Neunhof. Etwa 20 Meter folgen wir ihr nach rechts, dann setzt sich der Wanderweg auf der anderen Straßenseite fort. Achtung: Hier nicht dem breiten Forstweg folgen, sondern rechts dem schmaleren und schöneren Waldpfad, der uns sicher nach Neunhof zurückbringt.

500 Jahre Brautradition

Die *Brauerei Wiethaler* bietet eine große Palette Biere an: Export, Helles, Dunkles, Weizen, Alkoholfreies und verschiedene Saisonbiere. Der Schweinebraten für 6,50 Euro dokumentiert das Traditionsbewusstsein. Darüber hinaus ist die Karte aber durchaus ambitioniert. Mit Salbei, Dinkel oder frischem Gemüse arbeitet die Küche ebenso routiniert wie mit Klößen, Sauerkraut und Brotzeiten.

Der fränkische Brauereigasthof beendet also stimmig einen ohnehin retro-geprägten Ausflug.

Reinhard Weirauch

Das Bier:
***Brauerei Wiethaler**,* **Welserplatz 6, 91207 Lauf-Neunhof,**
  Tel. 0 91 26/54 60, www.brauerei-wiethaler.de, Mi–So 11.00–23.00, Di 17.00–23.00, Mo Ruhetag.
***Gasthof Adelmann**,* **Tauchersreuther Hauptstraße 1,**
  91207 Lauf-Tauchersreuth, Tel. 0 91 26/18 93, Do Ruhetag, Sa nur bis 15.00 geöffnet.

Gasthof & Metzgerei Schloß Oedenberg.

Gasthof & Metzgerei Schloß Oedenberg, Schloßweg 1, 91207 Lauf-Oedenberg, Tel. 0 91 23/67 66, www.schloss-oedenberg.de, Mi–So 10.00–22.00.

Gasthaus Hallerschlösschen Nuschelberg, Nuschelberger Hauptstraße 1, 91207 Lauf, 0 91 23/33 96. Mo–Fr 10.00–15.00 und 17.00–22.00, Sa 10.00–18.00, So 10.00–22.00, Di Ruhetag.

Informationen:
Infopunkt Tourismus Lauf, Hellergasse 2, 91207 Lauf/Peg., Tel. 0 91 23/98 82 35; Mo–Fr 10.00–12.00 und 15.00–17.00, Sa 10.00–12.00.

Literatur:
Hochinteressant ist die Website »Burgen und Herrensitze in der Nürnberger Landschaft« (www.herrensitze.com).

Karte:
Fritsch Wanderkarte Nr. 80, *Frankenalb*.

Trockenes Schäfchen, feuchte Kehle 24

Tour: Themenwanderung rund um Hersbruck mit Einkehr in Kleedorf.
Länge: Ca. 9 km.
Dauer: Ca. 2,5 Stunden.
Familie: Der Weg und gerade auch das Hirtenmuseum sind für Familien gut geeignet.
Saison: Ganzjährig.
Variante: Der Hirtenweg geht ab Kleedorf weiter und ist insgesamt ca. 12 km lang. Eine Wanderbeschreibung erhält man bei der Tourist-Information Hersbruck. Wer sich den Abschnitt durch Hersbruck sparen möchte, kann mit dem Stadtbus 362 bis zur Haltestelle »Höhenweg« fahren.
Anfahrt: *Kfz:* A9/Ausfahrt Lauf-Nord/Hersbruck und weiter auf der B14. *ÖPNV:* Mit dem Zug ist Hersbruck durch den Pendolino mit einer Fahrtzeit von rund 15 Minuten optimal an Nürnberg angebunden

Auf dem Hirtenweg bei Hersbruck

Ein kleiner Bummel durch das mittelalterlich geprägte Hersbruck ist nicht tagesfüllend, aber dennoch lohnend. Die Wehrmauerreste mit den Toren, die Fachwerkhäuser, Kirchen und das Schloss prägen das Bild dieser typisch fränkischen Kleinstadt.

Mitten im Zentrum dieser Altstadtidylle befindet sich ein deutschlandweit einmaliges Museum zum Hirtenwesen, natürlich in einem denkmalgeschütztem Fachwerkensemble. Das Deutsche Hirtenmuseum beschäftigt sich didaktisch spannend und multimedial aufbereitet mit allen Facetten dieses uralten Berufes. Der Standort Hersbruck ist gut gewählt, die Anzahl und Ausprägung von sogenannten »Angern«, also ungepflügtem Grasland zum Weidebetrieb, ist in der Hersbrucker Schweiz einzigartig.

Und so gibt es einen Themenwanderweg, der dem Hirtenberuf auf der Spur ist und den Besuch des Museums wunderbar ergänzt. Der erste Teil des Hirtenrundweges führt uns zu

Dorfidylle in Kleedorf.

unserem kulinarischen Ziel Kleedorf – praktischer könnte es kaum sein.

Schäferromantik erwandern

Wer sich in Hersbruck nordwärts bewegt, muss zunächst einige Höhenmeter und etwas Asphalt bewältigen. Los geht es also am Hirtenmuseum, nahe des Marktplatzes gelegen und gut ausgeschildert, in Richtung Schwalbenturm, ein weißes Fachwerkgebäude, in dem von 1537 bis 1895 das abgeleitete Quellwasser gesammelt und an die fünf Stadtbrunnen weiterverteilt wurde. Dort halten wir uns links, erreichen die vielbefahrene Grabenstraße und biegen rechts ab. Das Wanderzeichen »3« weist uns nun den Weg. Wir nehmen gleich die nächste Straße links, wo uns der Weg geradeaus durch eine wenig anheimelnde Bahnunterführung führt. Barocke Schäferromantik scheint weit weg. Wir stoßen auf die Gartenstraße und biegen rechts ab. Ein Weilchen später weist uns das Wanderzeichen »3« nach links in die Ganghoferstraße aufwärts. Am Ende der Straße gehen wir mit der Großviehbergstraße weiter steil bergauf. Endlich führen uns der Gebhardweg und das Zeichen »3« nach rechts in den Wald.

Wir erreichen eine schmale Teerstraße und halten uns kurz rechts. An der nächsten größeren Buche ist auch die Markierung wieder zu finden. Dann passieren wir das ehemalige Gewerkschaftsjugendheim und gehen links im Wald an einem Zaun entlang weiter. Der Weg beschreibt eine S-Kurve. An einem Schild mit dem Hinweis »Wasserschutzgebiet« geht es wenige Meter abwärts, sofort wieder aufwärts und mit Treppenstufen durch einen Graben. Am Ende eines kurzen, steilen Aufstiegs stößt das Wanderzeichen »8« zu uns. Mit der »3« und der »8« wandern wir weiter aufwärts bis zur Straße. Wir folgen ihr etwa 300 Meter (hier keine Markierung), dann führt uns ein Weg nach links zu einer Quelle, die ehemals den Hirten als Viehtränke diente.

Danach halten wir uns rechts und gelangen zu einem ehemaligen Steinbruch. Hier wurden u. a. die Steine für die Hersbrucker Stadtmauer gewonnen.

Das Wanderzeichen »8« führt uns die Stufen hoch. Oben genießen wir eine tolle Aussicht. Bei gutem Wetter sehen wir bis nach Nürnberg. Nun übernimmt das Wanderzeichen »Gelbkreuz«, und wir wandern rechts bis Großviehberg.

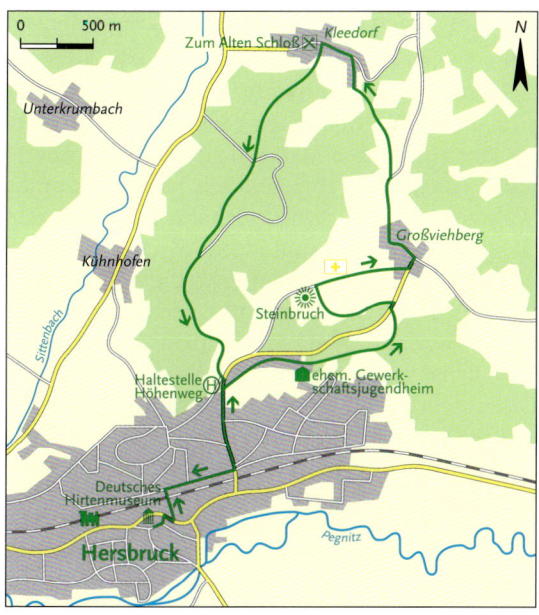

Sichtbare Hirten- und Dorfgeschichte

Wir erreichen eine der typisch fränkischen Dorflinden: Die »Michael-Roiger-Linde« wurde nach einem naturverbundenen Landrat benannt und ist ein offizielles Naturdenkmal. Die mündliche Überlieferung berichtet, dass der Baum zum Ende des Dreißigjährigen Krieges als Friedenslinde gepflanzt wurde. Dorflinden waren oft Gerichtsplatz, Ort von dörflichen Versammlungen und natürlich Festplatz.

An der altehrwürdigen Linde gehen wir links und passieren die ehemalige Dreschhalle, in der heute landwirtschaftliche Geräte des Hirtenmuseums gelagert werden.

Dann erreichen wir das Großviehberger Hirtenhaus. In dem kleinen Fachwerkhaus mit der Hausnummer 9 lebte einst der Dorfhirte. Er hütete das gehörnte Vieh im allgemeinen, also auch Kühe und nicht nur Schafe, war in Personalunion Tierarzt und auch für wasserwirtschaftliche Anlagen, für Viehglocken und die Viehwaage verantwortlich.

Die Gemeinde stellte im Gegenzug ein Wohnhaus, das »Hirtenhaus«. Das Großviehberger Hirtenhaus wurde bereits Ende des 17. oder Anfang des 18. Jahrhunderts errichtet. Das kleine Wohnstallhaus war vom Stall nur durch einen Flur abgetrennt. In den kalten Monaten wurden die Türen auch gerne einmal offen gelassen, um die Wärme des Viehs zu nutzen.

In der Ortsmitte treffen wir auf den Wasserturm, in dem sich unten die Viehwaage befand. Der Wasserturm markierte im Jahr 1910 einen Meilenstein der öffentlichen Wasserversorgung, ist einmalig im Landkreis Hersbruck und wurde so zum Wahrzeichen des Dorfes. Schöne Bauernhäuser säumen den Weg hinaus in Richtung Kleedorf.

Zunächst folgen wir der Fahrstraße. Schon bald knickt diese nach rechts ab, wir halten uns geradeaus, erreichen den Wald und halten uns wenig später links. Nun geht es bergab an einer Quelle vorbei hinein nach Kleedorf. Direkt am Anfang des Ortes steht auch hier mit Hausnummer 13 ein Hirtenhaus.

Kleedorf präsentiert sich als prächtiges Dorf mit großen alten Höfen. Viele Gärten und Brunnentröge entlang der Dorfstraße sind bepflanzt. Der rechte Ort für eine Rast.

Ein Hersbrucker Bier im *Alten Schloß*

Die Hersbrucker Brauerei selbst hat keinen Gasthof. Das *Alte Schloß* in Kleedorf füllt diese Lücke aber auf feinste Art und Weise. Dass neben Hersbrucker Bier auch Kaiser-Bräu ausgeschenkt wird, tut dem keinen Abbruch. Hersbrucker Bier ist ein angenehm unprätentiöser, frischer Trunk, ideal als Durstlöscher für Wanderer und wahrscheinlich auch Hirten.

Erwähnenswert ist auch die Küche. Neben einer großen Karte mit fränkischen Spezialitäten bietet das *Alte Schloß* regelmäßig saisonale Gerichte an – all das stets lecker und frisch gekocht. Das traditionelle Ausflugslokal wuchs in seiner 100-jährigen Geschichte zu einem stattlichen Hotel. Der fränkischen Gastlichkeit hat dies zum Glück keinen Abbruch getan.

Gemütlicher Rückweg

Genau gegenüber der Gastwirtschaft weist uns das Wanderzeichen »2« vorbei an einem Kuhstall aus dem Dorf hinaus.

Wir spazieren gemütlich entlang einer Weide und erreichen einen idyllischen Pfad. Durch schattigen Mischwald führt der Weg über ein Holzbrücklein, unter dem ein kleiner Bach plätschert. Die letzten Kilometer sind der schönste Abschnitt der Wanderung. Der romantische Waldweg führt uns gut mit der »2« markiert sicher nach Hersbruck zurück.

Reinhard Weirauch

Das Bier:
Zum Alten Schloß, Kleedorf 5, 91241 Kirchensittenbach bei Hersbruck, Tel. 0 91 51/86 00, www.zum-alten-schloss.de; tägl. 11.30–14.00 und 17.00–21.00 warme Küche. Kein Ruhetag.

Informationen:
Touristinformation Hersbruck, Unterer Markt 1, 91217 Hersbruck, Tel. 0 91 51/73 51 50, www.hersbruck.de; März–Okt Mo–Do 8.30–12.30 und 13.30–17.00, Fr 8.30–12.30 und 13.30–16.00, Juni–Aug Sa 10.00–12.00,

Zum Alten Schloß in Kleedorf.

Nov–Febr Mo–Do 8.30–12.30 und 13.30–16.00, Fr 8.30–12.30 und 13.30–15.00.
Extras:
Deutsches Hirtenmuseum der Stadt Hersbruck, Eisenhüttlein 7, 91217 Hersbruck, Tel. 0 91 51/ 21 61, Di–So 10.00–16.00.
Karte:
Fritsch Wanderkarte Nr. 80, *Frankenalb*.

Wehrkirchen, Wildwuchs und Wasserspeicher 25

Tour: Anspruchsvolle Wanderung im Naturpark Frankenhöhe mit reichlich Ablenkungspotenzial.
Länge: Ca. 15 km.
Dauer: Reine Gehzeit ca. 4,5 Stunden.
Familie: Für Kinder etwas zu lang; für größere Kinder bietet der Obernzenner See ggf. einen Anreiz, einige kurze Abschnitte sind schwer gangbar.
Höhenunterschied: Ca. 100 m, aber einige steilere Anstiege.
Markierungen: Lokale Markierungen, roter und gelber Querstrich.
Saison: Vor allem im Sommer wegen der Badefreuden empfehlenswert.
Anfahrt: *Kfz:* Von Nürnberg/Fürth über die Staatsstraße 2245 nach Großhabersdorf. Ab Großhabersdorf ist Oberdachstetten ausgeschildert.

Storch

Wir beginnen die Tour beim *Brauereigasthof Haag* in Oberdachstetten, der gleich nach dem Ortseingang an der Hauptstraße liegt, und gehen an der Hauptstraße entlang über die Eisenbahnbrücke wieder aus dem Ort hinaus. Am Ende des Anstiegs beginnt parallel zur Straße ein Radweg; an einem Verkehrsschild ist nun erstmals die lokale Markierung »Storch« zu sehen (schwarz auf gelb). Kurz danach zweigt eine Straßenkurve ansteigend links ab. Diese gehen wir entlang und sehen, gutes Augenlicht vorausgesetzt, an einem Baum linker Hand wieder den verwitterten Storch. Wir passieren Sportanlagen, vor dem Fußballplatz geht rechts ein Forstweg weiter bergauf in den Wald hinein. Nach ca. 500 Metern gabelt sich der Schotterweg. Ab hier werden wir wieder einmal gewahr, dass dem Wanderer in fränkischen Gauen einiges abverlangt wird: Kein Storch gibt uns den Hinweis, dass wir uns rechts halten sollen. Kurz darauf spaltet sich in der Kurve geradeaus ein breiter, grasbewachsener Weg ab. Der Storch ist wieder nicht zu sehen, dennoch ist das unsere Route. Wir wandern zwischen zwei eingezäunten Schonungen hindurch. Der Wald wurde hier großzügig ausgeforstet, Totholz und Wildwuchs laden nicht gerade zum Fotografieren ein, sind aber womöglich ökologisch gewollt. Dafür taucht der Storch gelegentlich wieder auf. Es folgt eine Passage mit niedrigem Steckerlaswald, der Weg macht eine Rechtsbiegung und führt zu einer provisorischen, aus dünnen Baumstämmen errichteten Schranke. Links an einem Baum ist wieder der Storch samt einer Markierung mit blauem Dreieck zu sehen. Die Markierungen veranlassen uns zu einer Spitzkehre, und wir gehen auf einem Trampelpfad weiter. Kurz geht es durch einen Bewuchs mit jungen Fichten. Sodann erreichen wir wieder ein lichteres Terrain, auf dem fast kein Weg mehr erkennbar ist – dafür finden sich reichlich »Störche« auf Baumstämmen, die uns ca. 150 Meter zu einem mit Wiese bewachsenen Wegteil führen. Hier geht es nun wieder bergab. Kurz darauf stoßen wir auf grobe Traktor-Fahrrinnen, gehen rechts und kurz darauf scharf links weiter bergab. Meister Adebar zeigt sich hin und wieder. Der Wald wird zunehmend dichter, und wir treffen alsbald T-artig auf einen etwas breiteren Waldweg. Hier geht es rechts. Der Weg wird breiter und fester, wir verlassen den Wald und bekommen kurz darauf in der Ferne bereits den Obernzenner See zu Gesicht. Vor uns liegt die Ortschaft Urphertshofen.

Dachs

In Urphertshofen fällt zuerst die hübsche Wehrkirche St. Jakobus und Nikolaus auf, die im 12. Jahrhundert erbaut wurde und in den Sommermonaten auch besichtigt werden kann. Mit der Kirche vor uns biegen wir auf der Hauptstraße links ab und folgen ihr bis zum Ortsschild. Ab sofort ist für uns die lokale Markierung »Dachs« maßgebend – Verwechslungsgefahr mit einem Stinktier ist nicht ganz ausgeschlossen. Etwa 20 Meter vor dem Ortsschild führt uns der Dachs zusammen mit der Markierung »gelber Querstrich« halblinks auf eine kleine Asphaltstraße. Diese geht alsbald in einen Feldweg über, der uns gut einen Kilometer durch Felder und Wiesen bis zum Obernzenner See führt. Der See wurde 1981 als Rückhaltespeicher angelegt, um Obernzenn vor Hochwasser zu schützen. Er ist 14 Hektar groß und lädt zum Baden und anderen Formen von

Wassersport ein. Rundherum ist für reichlich Abwechslung gesorgt, und weniger ehrgeizige Wanderer können sich hier eine erste Pause gönnen und bei heißer Witterung auch ein wenig abkühlen; knapp die Hälfte des Weges liegt nun hinter uns. Parallel zum Seeufer führt ein Rad- und Fußweg an der Strandgastronomie vorbei in Richtung Obernzenn. Wir gehen über eine Holzbrücke und überqueren einen geteerten Platz mit Trainingsanlagen für Inlineskater und Skateboarder. Danach treffen wir auf eine Straße, der wir nach links folgen, bis wir den Ort erreichen. Wir halten uns rechts und gehen etwa 500 Meter an der Straße entlang, bis uns rechter Hand das Blaue Schloss ins Auge sticht.

Nachdem wir das Schlossgartentor passiert haben, gehen wir rechts an der Gartenmauer entlang auf das Schloss zu. Im Näherkommen erkennen wir, dass sich hinter dem Blauen Schloss ein etwas kleineres in rot anschließt. Die beiden Schlösser wurden im Spätbarock auf dem Grund einer ehemaligen Wasserburg von zwei Linien der Freiherren von Seckendorff errichtet. Der blaue Teil gehörte zur Linie von Seckendorff-Aberdar, der rote denen von Seckendorff-Gutend. Nicht so schnell ist zu erkennen, dass wir uns in einem ehemals souveränen Staat be-

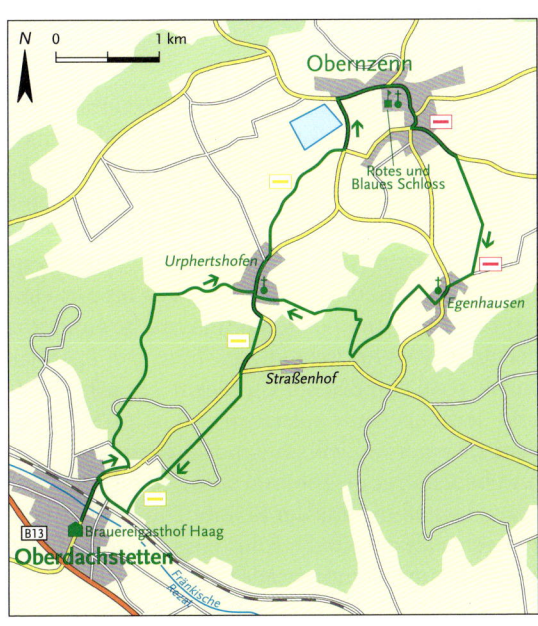

finden. 1753 trotzte Christoph Ludwig von Seckendorff-Aberdar dem deutschen Kaiser die hohe Gerichtsbarkeit ab. Somit wurde die Reichsritterschaft von Obernzenn zu einem 40 Quadratkilometer kleinen Zwergstaat mit eigenem Galgen und eigener Landeskirche. Das Ganze währte aber nur gut 50 Jahre, bis Napoleon die deutsche Kleinstaaterei beendete. Das Zentrum der ehemaligen Landeskirche sehen wir, wenn wir uns vom linken Seiteneingang des Schlosses aus nach links wenden. Wenige Schritte entfernt befindet sich die ehemalige Wehrkirche St. Gertraud. Die Grablege der früheren Landesherren ist heute noch mit entsprechenden Epitaphien und Wappenschildern geschmückt. Wir gehen durch ein torartiges Gebäude mit niedrigem Durchgang, dann an einem Brunnen vorbei, bis wir bei der ehemaligen Poststation, einem dunkelgelben Gebäude aus dem 16. Jahrhundert, auf die Hauptstraße treffen. Wir folgen ihr, bis sie einen Rechtsknick macht, und gehen dort geradeaus in die Brachbacher Straße (Schilder Richtung Brachbach und Sonderheim), zu erkennen ist auch die Markierung »Steigerwaldradweg/Zenntalradweg«. Nicht zu erkennen ist die Markierung »roter Querstrich«, die uns nach Egenhausen führen wird.

Durst

Wir verlassen Obernzenn auf der Ortsverbindungsstraße. Kurz nach dem Ortsende folgen wir einem halbrechts abzweigenden Wirtschaftsweg, die rote Markierung ist zwischenzeitlich auch wieder aufgetaucht. Wir wandern nun gut einen Kilometer erst leicht bergan, dann bergab durch Wiesen und Felder, bis wir auf eine T-Kreuzung treffen. Hier gehen wir rechts und sind schon in Egenhausen. Wir folgen dem Weg bis zur Hauptstraße, halten uns links und postieren uns mit bewunderndem Blick vor der dritten Wehrkirche dieser Tour. Die Egenhauser Kirche wurde 1059 von Bischof Gundekar »zu allen Heiligen« geweiht und heißt bis heute Allerheiligenkirche. Sie ist so schnuckelig, dass sie einer Modellbahnlandschaft entsprungen sein könnte, und beherbergt im Inneren sogar einen Altar mit einer Rosenkranzdarstellung aus der Schule Tilman Riemenschneiders.

Rechts an der Kirche führt eine Gasse vorbei. Genaue Beobachter bemerken nun wieder die Markierung »Dachs«, welche nun abermals für uns zuständig ist. Etwa 100 Meter weiter lei-

Ausgedehnte Wanderung von Oberdachstetten nach Obernzenn und zurück

Leider nur noch Kulisse: das Sudhaus der *Brauerei Haag* (li.).

tet uns der Dachs nach rechts. Wir kommen auf einen Feldweg, der steil ansteigt und bald nach links abknickt. Auch immer zu sehen ist die Markierung »Zenntal-Wanderweg«. Es geht etwa 500 Meter durch Obstwiesen und am Waldrand entlang. Nach einer Linksbiegung zweigt die Markierung in einer Haarnadelkurve nach rechts ab. Wir gehen kurz auf dem Waldweg bergan, bis uns der Dachs kurz darauf auf einen Trampelpfad nach links ins Unterholz dirigiert. Kurz darauf queren wir einen Forstweg und gehen weiter geradeaus durch den Wald, immer der Dachsmarkierung nach. Nach ca. 500 Metern treffen wir T-artig auf einen anderen Waldweg. Wir bleiben unseren Markierungen treu und halten uns rechts. Dann geht der Hauptweg halbrechts in den Wald hinein, während wir den Markierungen nach geradeaus weitergehen, wo ein Wiesenweg alsbald bergab führt. Nach einigen abfallenden Höhenmetern kommen wir aus dem Wald heraus, überqueren noch ein kurzes Wiesenstück und treffen auf einen geschotterten Wirtschaftsweg. Hier gehen wir links und kommen wieder ins bereits bekannte Urphertshofen. Im Ort gehen wir an der Hauptstraße links und aus dem Ort hinaus. Nach 200 Metern zweigt halbrechts ein Weg ab, ein hölzernes Hinweisschild »Zum Krieger-Lindenhain« zeigt in dieselbe Richtung. Gute Augen erspähen auch den »gelben Querstrich«, der uns ab sofort wieder zurück nach Oberdachstetten leiten wird. Der Weg gabelt sich kurz danach, rechts ist der Lindenhain zu sehen, links ein asphaltierter Parkplatz. Wir überqueren den Parkplatz und sind leicht verwundert, als uns die Markierung an dessen hinterem Ende nach rechts auf einen kaum erkennbaren Trampelpfad abermals ins Unterholz schickt. Durch einen schon etwas zugewachsenen Hohlweg geht es leicht bergauf, mittlerweile hat sich auch die Markierung »Storch« wieder zu uns gesellt. Am Ende der Steigung wird der Wald sehr licht, ein Weg ist kaum erkennbar; dafür hangeln wir uns kühn von Markierung zu Markierung. Schon wenig später treffen wir wieder auf die Ortsverbindungsstraße. Wir folgen nun nicht dem »Fußweg nach Oberdachstetten« rechter Hand, sondern gehen ca. 250 Meter an der Straße entlang, bis wir eine T-Kreuzung erreichen. Dort überqueren wir die Straße und folgen den Markierungen auf einen geschotterten Waldweg. Nach weiteren 200 Metern ist wieder äußerste Vorsicht geboten, denn der gelbe Strich folgt nicht dem Schotterweg, sondern geht rechts am Waldrand entlang und führt uns sogleich links auf einem mit Gras bewachsenen Weg in den Wald hinein. Nach gut 300 Metern verlassen die Markierungen den Weg wieder nach rechts; wir folgen und nehmen die Herausforderung an, uns wieder nach den gelben Strichen durch das Gehölz zu arbeiten. Schließlich geht es auf einen schmalen Trampelpfad an einem niedrigen Nadelwald entlang, bis wir eine ausgeforstete Lichtung und dahinter eine Forststraße erreichen. Schräg gegenüber weist uns die Markierung wieder in einen unbefestigten Weg, der zunehmend grasig wird. Vor uns im Tal ist nun Oberdachstetten wieder zu sehen. Forsch geht es bergab und über einen weiteren Forstweg in einen dichten Nadelwald hinein, den wir kurze Zeit später wieder verlassen. Rechts sehen wir die Ortsverbindungsstraße, halbrechts geht die Markierung auf einen breiten Wiesenweg weiter. Wir erreichen die ersten Häuser und gehen zwischen Gartenhecken und Wald weich geradeaus. Anschließend folgt ein Metallzaun mit dahinterliegendem aufgelassenem Steinbruch. Wir kommen auf eine Teerstraße, der wir bergab folgen. Vor den Bahngleisen gehen wir rechts auf die Ortsverbindungsstraße und kommen so wieder zum Ausgangspunkt zurück.

Das Bier der *Brauerei Haag* wird seit Kurzem nicht mehr selbst gebraut, sondern von einer größeren Brauerei in der

Nähe nach originalen Rezepten produziert. Helles, Dunkles, Pils, Weizen und Bock sind im Angebot. Probiertipp ist das frisch-fruchtige Helle. Das Haus ist eine ehemalige Posthalterei und wird seit 1725 von der Familie bewirtschaftet. Die Küche der attraktiven Gastwirtschaft weicht vom Standard deutlich nach oben ab. So gibt es z. B. auch Rindfleischspezialitäten vom Angusrind aus eigener Zucht. Bei derlei Köstlichkeiten wird man auch schnell über die Strapazen einer anspruchsvollen Wandertour hinweggetröstet.

Veit Bronnenmeyer

Das Bier:
Brauerei und Gaststätte Haag-Lohner, **Hauptstraße 18, 91617 Oberdachstetten, Tel. 0 98 45/ 2 06, www.brauerei-haag.de, Di–Sa 11.00–14.00 und ab 17.00, So 11.00–14.00 (Mai–Okt bis 19.00), Mo Ruhetag. Insgesamt vier Sorten Bier und Weizen.**

Informationen:
Markt Obernzenn, Marktplatz 9, 91619 Obernzenn, Tel. 0 98 44/97 99-0, www.obernzenn.de, Führungen durch das Schloss in Obernzenn finden von Mai bis Oktober jeden ersten und dritten Sonntag um 14.00 statt. Führungen für Gruppen können gebucht werden unter: Tel. 0 98 44/97 99-23.

Extras:
Auf der Nordseite des Sees befindet sich beim Sportgelände des TSV Obernzenn ein alter jüdischer Friedhof aus dem 17. Jahrhundert. Es sind 200 teilweise sehr kunstvolle Grabsteine erhalten.

Karte:
Naturpark Frankenhöhe, Karte UK 50-16/17 des Bayerischen Landesamtes für Vermessung und Geoinformation, oder Fritsch Wanderkarte Nr. 71, *Frankens gemütliche Ecke* (ganz unten).

26 Nasser Spaß

> **Tour:** Rundweg auf den Höhen über der Altmühl, des Hagenbachs und des Steinbachs.
> **Länge:** Ca. 14 km.
> **Dauer:** Ca. 3,5 Stunden.
> **Familie:** Relativ weite Runde. Familienfreundlich ist besonders das schöne Flussbad in Leutershausen.
> **Saison:** Ganzjährig, im Sommer lockt das Flussbad.
> **Variante:** Durch die Streckenführung auf den Höhen gibt es keine attraktiven Abkürzungsmöglichkeiten. Der Weg ist aber für trainierte Mountainbiker geeignet.
> **Anfahrt:** *Kfz:* A6/Ausfahrt Aurach, weiter auf der B14 bis Neunstetten, hier links ca. 5 km bis Leutershausen. *ÖPNV:* Ab Ansbach mit dem Regionalbus 731.

Der »Fuchsweg«: Höhenwege rund um Leutershausen mit anschließendem Flussbad

Ein mit einem Fuchs markierter Weg führt uns bei dieser Wanderung auf den Höhen.

Schon am Startpunkt der Tour, am Unteren Tor des Marktplatzes, erfreut das kleine Städtchen Leutershausen durch fränkische Fachwerkarchitektur. Der berühmteste Sohn der Stadt, Gustav Weißkopf, unternahm 1901 den ersten Motorflug der Welt. Ein Denkmal steht direkt am Unteren Tor; das Flugpionier-Gustav-Weißkopf-Museum berichtet über die Pionierleistungen des fast in Vergessenheit geratenen Erfinders und zeigt den Beginn der motorisierten Luftfahrt.

Durch das Untere Tor kommen wir zum Marktplatz mit Rathaus, dem Röhrenbrunnen von 1852 und dem mittelalterlichen Stadtkern.

Durch das Obere Tor – zu beachten ist das Steinrelief, das den Stadtvogt Hans Schreyer darstellt – geht es hinaus auf die Schillingsfürster Straße und die nächste Möglichkeit nach rechts in die Straße mit dem Namen »Neues Törlein« Richtung Jochsberg. Kurz nur, dann nach links Richtung Friedhof in die Jochsberger Straße. Wir passieren den Friedhof und verlassen Leutershausen, links sehen wir die Altmühl mäandern. Am Fischereiverein überqueren wir die Straße und folgen dem asphaltierten Altmühlweg nach Jochsberg. Bei etwas Hochwasser ist der Altmühlweg leider des Öfteren überschwemmt. Nur zehn Meter höher gebaut, so meinen die Einheimischen, wäre er fast immer passierbar. Bei normalem Wasserstand ist der Weg entlang des Flusses aber ein Genuss. Mit etwas Glück lassen sich sogar Störche beobachten. Jochsberg erreichen wir über die Mühlstraße.

Kaum sind wir gestartet, lockt schon die *Brauerei Reindler* zur Einkehr. Hierzu müssen wir einen Abstecher zur Ortsmitte unternehmen. Der Kirchturm ist eine einfache Orientierungshilfe.

Ohne Kompromisse: Brot, Bier und Öffnungszeiten

Der *Reindler* ist bekannt für seine reichhaltigen Brotzeitplatten. Dazu gibt es ein erstklassiges selbstgebackenes Brot und ein Bier für jeden Geschmack. Neben einem Dunklen, einem Hellen, einem Pils und einem Export vervollständigt die Brauerei ihr Biersortiment auch mit einem Hefeweizen. Wer etwas Warmes möchte, der kann sich an Schnitzel mit Bratkartoffeln halten. Dass die *Brauerei Reindler* vorwiegend von Einheimi-

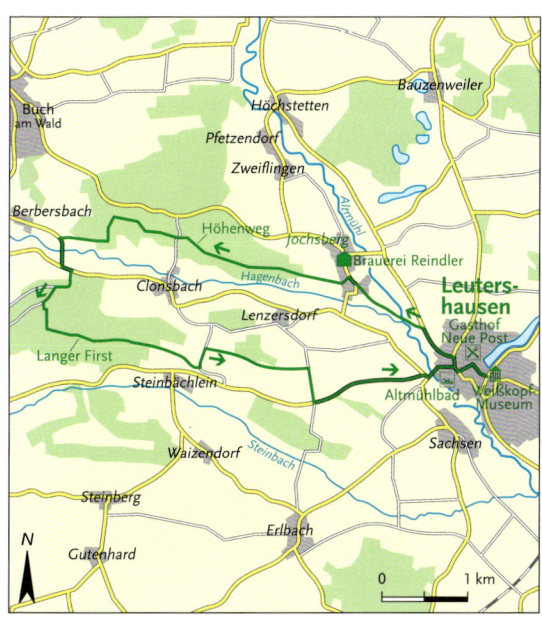

schen besucht wird, verraten schon die Öffnungszeiten. Samstag ist Ruhetag. Alles original also und so schmeckt es dann auch.

Wir kehren zurück und biegen nun in den Höhenweg ein. Nun findet sich auch unsere Markierung, der Fuchs, regelmäßig. Zunächst laufen wir auf freiem Feld. Unter uns fließt nun der Steinbach.

Dann erreichen wir den Waldrand des Bucher Waldes. Hier verzweigt sich der Weg, wir gehen rechts in den Wald hinein. Ein schöner breiter Weg führt uns konstant auf 440 Meter durch den Wald. Wir folgen der guten Beschilderung, ignorieren einige Abzweigungen und bleiben etwa zwei Kilometer auf der Höhe. Dann folgt ein kurzer Abstieg, der Weg knickt nach links bergab, und wir erreichen einen ausgebauten Forstweg, der sich jetzt in weiten Kurven hinabsenkt.

An einer Kreuzung angekommen gehen wir nun nach rechts und verlassen den Wald. Kurz vor dem Örtchen Berbersbach kommen wir an die Straße und halten uns links, um den Hagenbach zu überqueren. Dann nochmals links ein Stückchen auf der Verbindungsstraße zwischen Hagenau und Clonsbach, ehe es nach rechts bergauf wieder in den Wald hineingeht.

Auf dem langen First

Nach etwa 300 Metern geht unser Weg rechts weg und kurz darauf nach links Richtung Schillingsfürst bergauf. Wieder sind wir auf einem wunderbaren Waldweg, müssen diesmal aber kräftig bis auf fast 500 Meter Höhe ansteigen.

Kurz bevor wir die Höhe erreichen, knickt der Weg nach links ab. Dann sind wir auf dem Höhenweg mit dem Namen »Langer First«. Hier erneut links. Nach etwa 200 Metern weist ein Schild zu Hügelgräbern.

Zwei Kilometer führt uns der Lange First oberhalb von Steinbächlein auf Wiesen und Flurbereinigungswegen Richtung Clonsbach. Dann, wenn wir rechts unter uns die Ortschaft Steinbächlein liegen sehen, erreichen wir eine Straße und gehen nach links. Achtung: Die Markierung ist an dieser Stelle etwas missverständlich. Hinter einer kleinen Erhebung ist dann aber wieder ein Wegweiser zu sehen, der uns nach rechts in Richtung Wald weist.

Das Untere Tor von Leutershausen.

Wir halten uns rechts und gehen am Waldrand entlang auf der Höhe geradeaus weiter, später über freies Feld. Nach etwa einem Kilometer erreicht der Weg eine T-Kreuzung an einer Hecke. Hier gehen wir nach rechts und wenig später zwischen den Feldern wieder nach links. In einem weiten Bogen erreicht der Weg nun die Straße, die uns noch einige hundert Meter zurück nach Leutershausen führt.

Leutershausen erreichen wir über eine Altmühlbrücke. Kurz dahinter sehen wir auch schon ein Hinweisschild nach rechts zum Flussbad.

Anschließend sei noch ein Besuch im *Gasthof Neue Post* empfohlen. Das gute Reindler-Bier gibt es hier zwar nicht, dafür aber ist die Speise- und Weinkarte empfehlenswert.

Erfrischendes Altmühlflussbad

Nach einer langen Wanderung ist das Altmühlbad in Leutershausen ein idealer Abschluss. Liebevoll pflegt der Altmühlbad-

Förderverein die Anlage, die sogar über eine große Rutsche, ein Sprungbrett und ein Kinderbecken verfügt. Spielgeräte, Grillplatz, eine kleine Minigolfanlage, eine Kneippanlage: Es gibt hier fast nichts, was es nicht gibt. Mehr noch: Ein Kiosk bietet Eis und Getränke feil, und Wanderer und Radfahrer dürfen auf dem Gelände sogar zum Übernachten ihr Zelt aufschlagen.

Und so überrascht es nicht, dass das Altmühlbad der Sommertreffpunkt der Leutershausener ist. Das Altmühlwasser ist natürlich etwas kühl, trüb und der Untergrund schlammig, ein Einstieg über Treppen und betonierten Boden ermöglicht aber ein schlammfreies Badevergnügen. Es ist einfach etwas ganz Besonderes, in einem so schönen Naturbad zu schwimmen.

Und jetzt halten Sie sich fest: Der Eintritt ist kostenlos.

Reinhard Weirauch

Das Bier:
Brauerei Reindler, **Am Ring 5, 91578 Leutershausen-Jochsberg, Tel. 0 98 23/2 03, www.brauerei-reindler.de, So–Fr 7.00– 16.00, Sa und jeder letzte So im Monat Ruhetag.**
Gasthof Neue Post, **Mühlweg 1, 91578 Leutershausen, Tel. 0 98 23/ 89 11, www.gasthof-neue-post.de, tägl. ab 9.00, Di Ruhetag.**

Informationen:
Stadt Leutershausen, Am Markt 1–3, 91578 Leutershausen, Tel. 0 98 23/9 51 11.
Extras:
Flugpionier-Gustav-Weißkopf-Museum, Plan 6, 91578 Leutershausen, Tel. 0 98 23/92 73 52. Ostern–Okt Di, Mi, Do, Fr 10.00–12.00 sowie Mi, So 14.00–16.00. Das Altmühlbad ist ohne Öffnungszeiten frei und kostenlos zugänglich. Kontakt über die Stadt Leutershausen.
Karte:
Kompass Wanderkarte Nr. 164, *Frankenhöhe*.

Genussreiche Geschichtsstunde 27

Tour: Stadtspaziergang mit zahlreichen Sehenswürdigkeiten und Besichtigungen.
Länge: Ca. 4 km.
Dauer: Reine Gehzeit ca. 1 Stunde.
Familie: Bei etwas Interesse für die ganze Familie bestens geeignet.
Saison: Ganzjährig.
Variante: Ellingen hat einen äußeren Barockrundweg rot markiert, der die Gartenlandschaften einbezieht. Zeitlich lassen sich auch beide Wege an einem Tag bequem bewältigen.
Anfahrt: *Kfz:* B2 Nürnberg-Weißenburg, Ausfahrt Ellingen. *ÖPNV:* Mit dem Regional-Express Nürnberg-Augsburg direkt angeschlossen.

Barockes Ellingen und fürstliches Bier

Ellingen ist die »Perle des Fränkischen Barocks«. Die Stadt hat zur Erkundung einen schönen und erlebnisreichen Rundweg zusammengestellt und mit gutem Informations- und Kartenmaterial versehen, das im Rathaus kostenlos erhältlich und empfehlenswert ist.

Wenn sich – wie in Ellingen der Fall – noch ein veritabler Brauereigasthof direkt gegenüber des Barockschlosses hinzugesellt, spricht gar nichts mehr dagegen, Bildung mit Bier zu kombinieren. Auf zu einer selten spannenden und kompakten Geschichtsstunde.

Die barocke Ordensresidenz

Das Stadtbild Ellingens ist geprägt durch das Wirken des Deutschen Ordens. Die baulich-stilistische Geschlossenheit dieser Barockresidenz ist einmalig und einen Rundgang wert.

Der Deutsche Orden ist eine geistliche Ordensgemeinschaft, die sich aus den Kreuzzügen herausgebildet hatte und in vielen Ausprägungen großen Einfluss auf die europäische Geschichte nahm. Ellingen lag in den Besitzungen des Ordens geografisch sehr zentral.

Im Baltikum begründete der Orden einen eigenen Staat, den Deutschordensstaat. Um 1400 begann allerdings der Niedergang. Der Grundbesitz, vor allem in Süddeutschland, bestand jedoch fort.

So begann mit dem Absolutismus auch der Deutsche Orden, den Anspruch eines Fürsten geltend zu machen und architektonisch umzusetzen. Schloss und Stadt ergeben ein städtebauliches Gesamtkunstwerk des 18. Jahrhunderts.

Braukunst in siebter Generation

Der blau markierte Barockrundweg beginnt am Schlosstor. An der Front des Schlosses entlang liegt links das *Fürstliche Brauhaus Ellingen*.

Feldmarschall Carl Philipp Fürst von Wrede (1767–1838) bekam das Ellinger Thronlehen 1815 von König Max I. Joseph für seine Verdienste. Das Brauhaus bestand damals schon, 1690 wurde es erstmals urkundlich erwähnt.

Rund 200 Jahre später weht immer noch ein fürstlicher Geist durch das Brauhaus. Der direkte Nachfahre des bayerischen Feldmarschalls, Fürst Carl Christian von Wrede, führt es heute in der siebten Generation. Das Sortiment ist mehr als vollständig. Hier bleibt zwischen hell und dunkel, zwischen traditionell und modern, zwischen leicht und süffig kein Wunsch offen; nur Weizen gibt es nicht. Zu empfehlen ist aber der »Keller-Bär«, ein typisch fränkisches Bier.

Das *Schlossbräustübl* gehört zum Gebäude-Ensemble des *Fürstlichen Brauhauses Ellingen*, deren dreiflüglige Anlage selbst zur gegenüberliegenden Schlossfassade gestalterischen Bezug nimmt. Im Biergarten sitzt man praktisch im Hof des Ellinger Schlosses. Fürstlicher geht es kaum. Die Speisekarte findet den richtigen Weg zwischen Gaumengenuss und ausgezeichneter Hausmannskost.

Der Barockrundweg

Vom Schloss führt uns der Weg westlich bis zum Brühltor, das mit dem Zeughaus den Abschluss des Schlossbereichs markiert. Die Darstellung zweier Putten mit Trompeten und Trommeln markierte die Residenz eines souveränen Reichsfürsten.

Noch vor der Brücke biegen wir nach rechts ab, links sehen wir den langgestreckten Marstall (Pferdestall) mit Vorplatz. Über 15 Achsen zieht sich der eingeschossige Bau, auf der Grünfläche steht der Georgsbrunnen von 1755.

Rechts erreichen wir die ehemalige spanische Reitschule, deren Schaufassade auf der anderen Seite zum Schlossgarten hin zeigt. An ihr gehen wir vorbei und stehen nun vor dem Ökonomiehof, in dem Scheune, Ochsenstall und Werkstätten untergebracht waren. Durch die Baulücke zwischen Reitschule und Ökonomiehof hindurch gelangen wir, indem wir uns links halten, zum Mühltor und zur ehemaligen Schlossmühle. Ein Türchen im Zaun führt nun nach rechts in den Schlosspark. Ursprünglich wurde dieser um 1720 als Barockgarten angelegt, im 19. Jahrhundert aber in einen englischen Landschaftsgarten umgestaltet. Wir spazieren in Richtung Süden. In der Mitte steht ein 200-jähriger Ginkgobaum. Kurz vor dem Schlosstor erreichen wir das ehemalige »Balley-Haus« des Deutschen Ordens. Dieses barocke Wohnhaus wurde von den herrschaftlichen Finanzräten bewohnt. Schräg links gegenüber das dazugehörige Rentamt (Schloßstr. 2/4), die Finanzverwaltung des Deutschen Ordens.

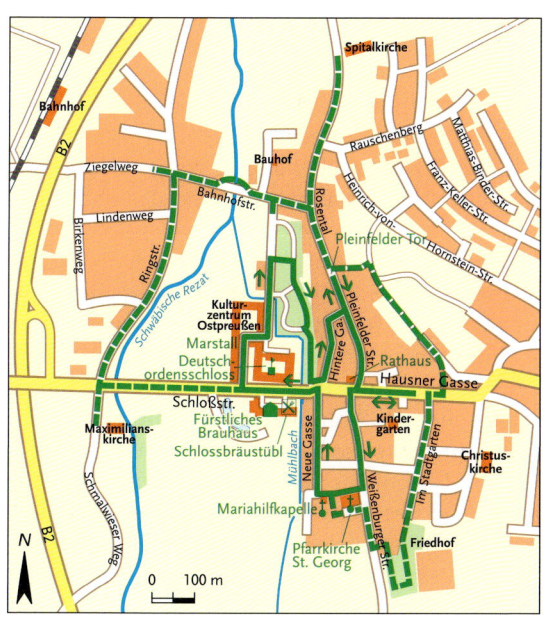

Kurz gehen wir nach links und biegen sofort wieder links in die Hintere Gasse ein. Hier finden wir nach so viel Pracht einige Beispiele für typische Häuser der Handwerker und Tagelöhner. Immer wieder sehen wir Heiligenfiguren an den Fassaden. Die Hausnummer 9 ist das Haus des Hofschreiners Adam Veit Biber. Er konnte sich 1721 ein stattliches Haus mit barockem Walmdach leisten. Im Gegensatz dazu ist Hausnummer 18 ein eingeschossiges Haus mit Fachwerkgiebel eines Kleinhandwerkers. Hausnummer 20 wiederum ist ein Beispiel für ein vorbarockes Fachwerkhaus eines Ackerbürgers (Bauer mit Ländereien und Bürgerrechten) Ellingens.

Wir stoßen auf die Pleinfelder Straße und halten uns links bis zur Hausnummer 24, einem einfachen barocken Bürgerhaus. Gegenüber steht mit der Hausnummer 25 die deutlich stattlichere Variante eines Ackerbürgerhauses.

Am höchsten Punkt der Altstadt kommen wir zum Pleinfelder Tor – dem Wahrzeichen Ellingens – mit dem schönen Wappenschmuck an der Nordseite.

Wir gehen nun zurück zur Stadtmitte. Das barocke Rathaus von 1744 wurde durch den Deutschen Orden erbaut und war auch Obergerichtsverwaltung mit Gefängnis und Pranger. Gegenüber am Neubau der Sparkasse fällt eine alte Madonna auf. Sie zierte einst das *Gasthaus Zum Hirschen*, das dort ursprünglich stand. Wir biegen nach links in die Hausner Gasse ein. Bei Hausnummer 3 sehen wir ein Bürgerhaus mit prächtiger Rokoko-Figurennische.

Einander gegenüber stehen einige Schritte weiter das säkularisierte Franziskanerkloster und das ehemalige Lateinschulhaus. Sie sind das städtebauliche Gegenstück zu den barocken Baumassen rund um das Schloss. Heute wird das Klostergebäude von der Stadt Ellingen als Lagerhalle verwendet.

Wieder am Rathaus angelangt, wenden wir uns nun in die Weißenburger Straße. Ein Blick zurück auf die prächtige Rathausfassade lohnt. Dann kommen wir zur *Gaststätte Römischer Kaiser*, ehemals Wohnhaus einer jüdischen Bankiersfamilie mit einem prachtvollen barocken jüdischen Gebetssaal im Obergeschoss. Gegenüber liegt die Hausnummer 6, das ehemalige Kleinhaus des Hofwagners. Über der Haustür des barocken Bürgerhauses mit der Hausnummer 19 sehen wir den heiligen Joseph, Patron der Zimmerleute. Das Haus wurde 1748 für den Zimmermann Caspar Seitz erbaut.

Barocke Pracht: die Residenz Ellingen.

Hier steht auch die barocke Pfarrkirche St. Georg. Eine kurze Besichtigung ist ausgesprochen lohnend. Dahinter, in der Achse der Pfarrkirche liegend, befindet sich die Mariahilfkapelle. Die Gruft ist nur für Führungen zugänglich; an den Fassaden sehen wir Pilaster mit Totenkopfkapitellen.

Durch die Neue Gasse geht es zurück in Richtung Schloss. Wir passieren die ehemalige Synagoge (Hausnummer 14), die 1939 in eine Scheune umgewandelt wurde. Heute ist sie ein Wohnhaus. Kurz bevor wir wieder das Schlosstor erreichen, sehen wir links noch das ehemalige Königlich Bayerische Amtsgericht, heute eine Apotheke.

Barocker Höhepunkt: die Residenz Ellingen

Das Deutschordensschloss Ellingen wurde im Jahre 1711 neu erbaut. Der Hauptbau entstand unter Carl Heinrich, Freiherr von Hornstein. von 1718 bis 1721.

Es handelt sich um das architektonisch bedeutendste Schloss des Deutschen Ordens. Nirgends sonst ist eine Vierflügelanlage so originell gestaltet worden. Der Architekt Franz Keller hat einen bemerkenswerten Bau geschaffen mit raffinierten Raumschöpfungen, überraschenden Akzenten und Kontrasten. Das Treppenhaus war seinerzeit unübertroffen und beeindruckt bis heute. Die Dächer drücken sich tief in die Fassade; der Komplex dominiert auch ohne straßenbauliche Achsen, Alleen und große Parkanlagen das Bild Ellingens.

Bemerkenswert ist auch die Innenausstattung, die ab 1815 vom neuen Besitzer Carl Philipp Fürst von Wrede und seinen Nachkommen mit Seiden- und Papiertapeten sowie Möbeln, Glas und Bronzefiguren aus Paris ergänzt wurde.

Im Schloss, das heute der Bayerischen Verwaltung der staatlichen Schlösser, Gärten und Seen untersteht, befinden sich Ausstellungen zum Deutschen Orden und die original möblierten Zimmer aus der Zeit der fürstlichen Familie.

Reinhard Weirauch

Das Bier:
Schlossbräustübl, Schloßstraße 6, 91792 **Ellingen, Tel. 0 91 41/** 7 03 44, tägl. 10.00–14.00 und ab 17.00, Mo Ruhetag.

Informationen:
Touristinformation Ellingen, Schloßstraße 3, 91792 Ellingen, Tel. 0 91 41/97 65 43, www.ellingen.de, Mo–Sa 8.30–12.00, Di–Fr 14.30–18.00.
Extras:
Führungszeiten Schloss Ellingen:
 Okt–März: Stündlich von 10.00–15.00.
 Apr–Sept: Stündlich von 9.00–17.00.
Literatur:
Residenz Ellingen: Amtlicher Führer, Bayerische Verwaltung der staatlichen Schlösser, Gärten und Seen, bearb. von v. Pfeil, München 2005.
Karte:
Ortsplan der Verwaltungsgemeinschaft Ellingen, kostenlos im Rathaus erhältlich.

Dornröschen und der Ritter St. Georg 28

Tour: Halbtagestour im Weißenburger Jura.
Länge: Ca. 13 km.
Dauer: Reine Gehzeit ca. 4 Stunden.
Familie: Für Kinder etwas zu lang.
Höhenunterschied: Kaum.
Markierungen: Lokale Markierungen, Frankenweg.
Saison: Vor allem im Frühjahr und Herbst empfehlenswert.
Anfahrt: *Kfz:* Über die A9, Ausfahrt Allersberg. Über Hilpoltstein nach Thalmässing, dort in Richtung Weißenburg. An der T-Kreuzung nach Thalmässing weiter in Richtung Weißenburg, dann ist Nennslingen alsbald ausgeschildert.

Memento Mori

Die Marktgemeinde Nennslingen liegt nicht nahe genug am Fränkischen Seenland oder am Altmühltal, um fremdenverkehrsmäßig eine besondere Rolle zu spielen. Da uns aber fließende und stehende Gewässer weniger interessieren als süffige Gerstensäfte, lohnt sich dieser Ausflug. Hat sich doch hier eine Braustätte erhalten, die ein paar Kilometer Marschieren wert ist.

Startpunkt ist die Ortsmitte von Nennslingen, wo sich am Marktplatz nicht nur besagte Brauerei, sondern auch die Kirche befindet. Mit der Kirche im Rücken und der *Braugaststätte Ritterstub'n* vor uns wenden wir uns nach links und gehen die Hauptstraße entlang über die Brücke. Wir halten uns links und folgen der Syburger Straße, bis wiederum eine Straße nach links abgeht, die zum Bauhof und zur Feuerwehr führt. Schließlich geht es auf einer Holzbrücke über den Bach und dann links einen Teerweg entlang. Rechts von uns liegt ein großer Weiher, links taucht ein pittoresk verfallendes bäuerliches Anwesen auf, das uns im barocken Sinne an die irdische Vergänglichkeit erinnert. Nach etwa 300 Metern kreuzt ein Asphaltweg, und wir sehen erstmals stark verblasste lokale Markierungen (eine »6« auf gelbem Grund). Hier halten wir uns rechts, lassen die Sportplätze des SV Nennslingen links liegen und wandern leicht bergauf. Der Weg wird von alten Felsenkellern gesäumt. Kurz darauf sehen wir rechts einen Spielplatz und einen Wanderparkplatz. Wir folgen der lokalen Markierung, zu der sich nun auch eine Radwegmarkierung gesellt, nach rechts, überqueren den Parkplatz und gehen auf einem Wirtschaftsweg weiter durch lichte Waldflecken hindurch. Kurz darauf endet der Wald und der Weg führt gut einen Kilometer durch Felder, wobei er zwischendurch einmal links und dann wieder rechts abknickt und dann T-artig auf einen anderen Weg trifft. Hier ist nur noch eine Radwegmarkierung zu sehen, die nach rechts weist und der wir auch folgen. Kurz darauf erreichen wir eine Ortsverbindungsstraße, wo wir uns rechts halten und auf das Schloss Syburg zugehen. Und abermals werden wir daran erinnert, dass alles Menschenwerk eitel und vergänglich ist: Das Schloss Syburg, das auf eine Bebauung im 11. Jahrhundert zurückgeht, war ursprünglich von einem Wassergraben umgeben und hatte im 18. Jahrhundert das stattliche Erscheinungsbild einer Rokokoanlage. Davon ist heute nicht mehr viel zu sehen, und der ehemalige Schlosspark mit Orangerie und Pavillon gleicht eher einem Urwald. Die Fantasie des Wanderers wird hier stark angeregt, und man würde sich nicht wundern, wenn ein Prinz um die Ecke geritten käme, der in dem zugewucherten Schloss ein Dornröschen zum Wachküssen vermutet.

Carpe Diem

Wir umrunden das Schloss auf der Straße und treffen sogleich auf eine T-Kreuzung. Hier gehen wir links etwa für 600 Meter an der Fahrbahn entlang, bis kurz vor Thalmannsfeld eine weitere Straße scharf links abzweigt. Diese ist kaum befahren und führt ganz leicht ansteigend für einen Kilometer in nordwestliche Richtung. Schließlich treffen wir abermals auf eine Ortsverbindungsstraße, biegen links ab und laufen auf die Ortschaft Bergen zu. Nach ca. 200 Metern führt rechts ein Wirtschaftsweg mit der Markierung »Bergener Thalachweg – Jura Nr. 1« von der Hauptstraße weg. Wir folgen der Markierung. Kurz danach kommt eine Linksbiegung, und wir treffen auf den Frankenweg (roter Querstrich auf weißem Grund). Dieser verlässt uns aber schnell wieder, da er zusammen mit der Markierung »3« nach rechts in die Wiese führt, während wir geradeaus weitergehen. Nach etwa 500 Metern zweigt ein Feldweg nach links in den Ort ab; rechter Hand steht ein Brunnen, der zu Ehren der Flurbereinigung errichtet wurde. Wir gehen geradeaus weiter, wo sich der Weg nach einem großen Kuhstall gabelt. Wir halten uns links und treffen kurz darauf auf die Ortsstraße, wo etwa 30 Meter weiter rechts eine Gabelung zu sehen ist, deren linkem Zweig (Reuther Straße) wir folgen. Ausgeschildert ist auch der »Radwanderweg Jura Nr. 1« sowie »Radwanderweg Geyern«. Die Straße geht kurz darauf in einen Feldweg über. »Brettl-eben« wandern wir durch die Felder und treffen zwischendurch wieder auf den Frankenweg, dem wir bis Geyern folgen, ohne uns von diversen Abzweigungen und Biegungen irritieren zu lassen (maßgeblich bleibt der rote Querstrich). Bei einer Pferdekoppel geht es um 90 Grad nach links und wir erreichen die ersten Häuser von Geyern. Kurz darauf kommen wir zur Ortsstraße (Bergener Straße). Wir halten uns rechts und gehen an der Ortsstraße entlang in südöstlicher Richtung. Zunächst fällt uns ein prächtiges und aufwendig saniertes weißes Bauernhaus auf. Es stammt aus dem 18. Jahr-

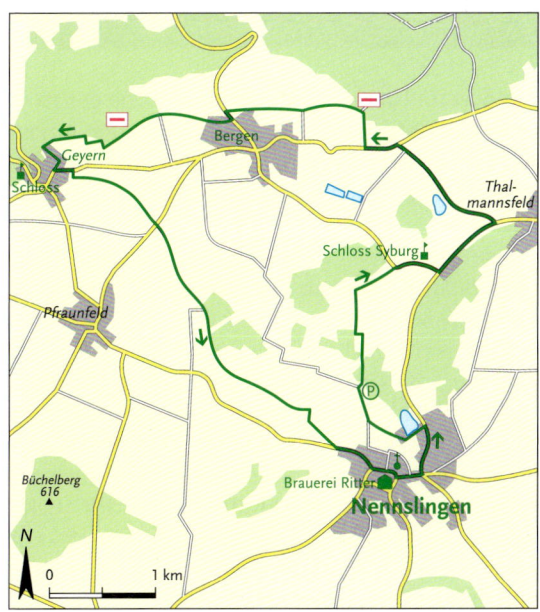

Verwunschener Dornröschencharme: das Schloss Syburg.

hundert und steht einem Schild zufolge genau auf der europäischen Wasserscheide, was vor Ort genügt, um zu einem (!) der Weltwunder von Geyern erklärt zu werden. Schön ist es aber zweifellos, und man kann dort sogar als Feriengast Quartier beziehen.

Die Ortsstraße gabelt sich und trägt rechts die Bezeichnung »Am Schloß«. Bergab sticht uns nun das etwas uneinheitlich wirkende Schloss-Ensemble ins Auge. Ob es auch als Weltwunder gilt, kann nicht nachvollzogen werden, wohl aber, dass es auf eine mittelalterliche Burganlage zurückgeht, von der heute praktisch nichts mehr erhalten ist. Eine Schautafel zeigt eine Abbildung des Schlosses um 1712. Am Torhaus und an der Kapelle St. Bartholomäus sind die Stile der älteren Epochen noch erkennbar. Das Schloss selbst wurde im 19. Jahrhundert im neugotischen Stil umgebaut und ist so perfekt in Schuss, dass es fast unwirklich erscheint. Offenbar wird hier weniger der Vergänglichkeit gedacht als auf Schloss Syburg und dafür werden die Tage ordentlich genutzt. Bewohnt wird das Haus noch heute von Nachfahren des Adelsgeschlechts von Geyern.

Ergo Bibamus

Nach so viel historischen Gemäuern plagt uns allmählich der Durst. Daher gehen wir zurück in den Ort und folgen der Hauptstraße bis zum Ortsschild. Kurz danach führt uns der »Anlautertal Radweg« nach rechts in die Felder, vorbei an Silos und Lagerhäusern der Raiffeisen-Genossenschaft. Etwa einen Kilometer folgt der Weg dem Bachlauf, dann treffen wir auf eine Ortsverbindungsstraße. Hier halten wir uns links und sehen kurz darauf die Radwegmarkierung wieder rechts abzweigen. Knapp drei Kilometer geht es jetzt gemütlich und eben durch den Bachgrund (etwa nach einem Kilometer treffen wir auf eine rechte Abzweigung, gehen aber immer stur geradeaus). Nach angemessener Gehzeit knickt der Weg im 90-Grad-Winkel nach rechts ab, und wir erreichen den Ortsrand von Nennslingen. Wir passieren linker Hand eine Schule, treffen kurz darauf auf eine T-Kreuzung, gehen links und finden uns schließlich am Marktplatz wieder. Die *Brauerei Ritter* mit dem heiligen Georg im Wappen existiert seit 1645. Ausgeschenkt werden sechs Sorten Bier und vier Sorten Weizen. Das süffig-frische Helle ist ein willkommener Durstlöscher nach dem langen Fußweg. Das Dunkle »Georgi Sud« schmeckt gleichzeitig malzig und leicht herb und dürfte Liebhaber dunkler Biere sicher erfreuen.

Sollte zum Zeitpunkt der Rückkehr das Braustübchen geschlossen haben, bekommt man das lokale Produkt auch im *Metzgereigasthof Lehmeier,* weiter oben am Markt, ausgeschenkt.

Veit Bronnenmeyer

Das Bier:
Brauerei Ritter, **Marktplatz 1, 91790 Nennslingen,**
  Tel. 0 91 47/94 04 48, www.ritter-bier.de.
Brauereigaststätte Ritterstub'n, **Adresse s. o., Tel. 0 91 47/24 6,**
  Mi–Do 16.30–24.00, Fr 16.30–1.00, Sa 14.30–1.00, So
  10.00–14.00 und 18.00–24.00, Mo, Di Ruhetag. Insgesamt
  zehn Sorten Bier und Weizen.

Hauswand der *Brauerei Ritter*.

Informationen:
Verwaltungsgemeinschaft Nennslingen, Schmiedgasse 1, 91790 Nennslingen, Tel. 0 91 47/94 11-0, www.nennslingen.de.
Tourist-Information Weißenburger Jura, Adresse s. o., Tel. 0 91 47/94 11-25, www.anlautertal-jura.de.
Karte:
Naturpark Altmühltal, Karte UK 50-23 des Bayerischen Landesamtes für Vermessung und Geoinformation.

Reise zu den Römern 29

> **Tour:** Für Bierfreunde mit Interesse an Geschichte – Spaziergang durch Weißenburg als Reise in die Römerzeit.
> **Länge:** Der Stadtspaziergang ist von überschaubarer Länge.
> **Dauer:** Reine Besichtigungszeit 2 Stunden.
> **Familie:** Was man zur Geschichte der Römer in Weißenburg sehen kann, ist auch für Kinder interessant und spannend.
> **Saison:** Sommer. Schön, wenn man im Kastell Biriciana auf der Wiese sitzen kann.
> **Varianten:** Möglich ist ergänzend ein Abstecher zum Limesrundweg im benachbarten Ellingen.
> **Anfahrt:** *Kfz:* Von Nürnberg kommend über die A6 (Ausfahrt Roth) und die B 2 (Ausfahrt Weißenburg Nord). *ÖPNV:* Mit der Bahn ab Nürnberg nach Weißenburg.
> **Ausgangspunkt:** Bahnhof in Weißenburg oder Parkhaus bei der Post.

Ein Fund und die Folgen

Eigentlich wollte er nur ein Spargelbeet anlegen. Doch als ein Weißenburger 1979 im eigenen Garten den Spaten ansetzte, stieß er auf einen Schatz aus der römischen Antike, bestehend aus über 150 Einzelteilen. Eine archäologische Sensation – und keineswegs rostiges Gerümpel, wie er zuerst dachte. Der Hintergrund zum Fund: Vor über 1 800 Jahren war Weißenburg römische Garnison im Hinterland des sechs Kilometer entfernten Limes, bestehend aus einem Militärlager und der damit verbundenen Siedlung. Der Weißenburger Schatz könnte aus dem dortigen Tempelbezirk stammen, man ist nicht ganz sicher. Ganz sicher aber ist Weißenburg die »Römerstadt par exellence«, da hat die Tourismuswerbung recht. Unser Rundgang führt uns außer ins Römermuseum noch zum teilweise rekonstruierten Kastell Biriciana und zu den Resten der großen Thermen. Eine mehr als lohnende Reise in die Römerzeit.

Gleich hinter der Andreaskirche, nur wenige Gehminuten von Bahnhof (vom Vorplatz aus links halten) und Parkhaus (der Kirche gegenüber) entfernt, treffen wir auf das Römer-

Festung vor der Stadt: das Kastell Weißenburg.

museum, eine Zweigstelle der Archäologischen Staatssammlung München. Bis 1979 Heimatmuseum, wurde es in den folgenden Jahren umgebaut, extra wegen des Römerschatzes, der das gesamte zweite Obergeschoss einnimmt. Im Erdgeschoss befindet sich das modern gestaltete »Bayerische Limes-Informationszentrum«, eingerichtet anlässlich der Anerkennung des römischen Limes als Weltkulturerbe im Jahr 2005.

Der erste Stock präsentiert Funde aus der antiken Siedlung Biriciana. Ist erst ein militärischer Stützpunkt da, ergibt sich schnell alles Weitere: Das Lager verlangt Versorgung, Landbau, Handel und Verwaltung. Es wird angenommen, dass um 200 n. Chr. eine 30 Hektar große blühende Kleinstadt mit Tempelbezirk, Forum und allerlei Gewerbe das Weißenburger Kastell umgab. Alltagsgegenstände, Schmuckstücke, Werkzeuge und Teile von Rüstungen belegen den hohen Stand der römischen Zivilisation.

Im zweiten Stock findet sich dann der Schatz, bestehend aus Votivtafeln, Paradehelmen, Bronzegefäßen und anderem. Herausragend sind aber vor allem 18 Statuetten römischer Gottheiten von hoher künstlerischer Qualität: Merkur und Jupiter sehen wir, Juno trägt sogar Goldschmuck. Wahrscheinlich handelt es sich um das Inventar eines öffentlichen Heiligtums.

Römerlager und Thermen

Vom Museum aus spazieren wir über den Martin-Luther-Platz, lassen die Post links liegen, gehen unter den Bahngleisen hindurch und folgen der Beschilderung zum Römerkastell in ein Wohngebiet.

Das um 90 n. Chr. errichtete Kastell Biriciana war in seiner ursprünglichen Form zunächst ein Holzbau, umgeben von einem befestigten Erdwall. Um 160 n. Chr. findet sich dann an gleicher Stelle ein Soldatenlager mit Mauern, Toren und einem Verwaltungstrakt aus Stein auf einer Größe von ca. drei Hektar. Eine Reitereinheit mit 500 Mann war hier stationiert, zu deren Aufgaben die Sicherung der römischen Reichsgrenze und Patrouillen im germanischen Feindesland nördlich des Limes gehörten. Der Grundriss der quadratischen Anlage mit einer Seitenlänge von 180 Metern ist im offenen Gelände noch gut nachzuvollziehen. Man erkennt, wo sich zentrale Gebäude wie die Kommandantur oder die Lagerstraße befanden. Als nach der Ausgrabung der Thermen Ende der 70er-Jahre das Interesse an der römischen Vergangenheit Weißenburgs wuchs, beschloss man, das Nordtor des Kastells zu rekonstruieren:

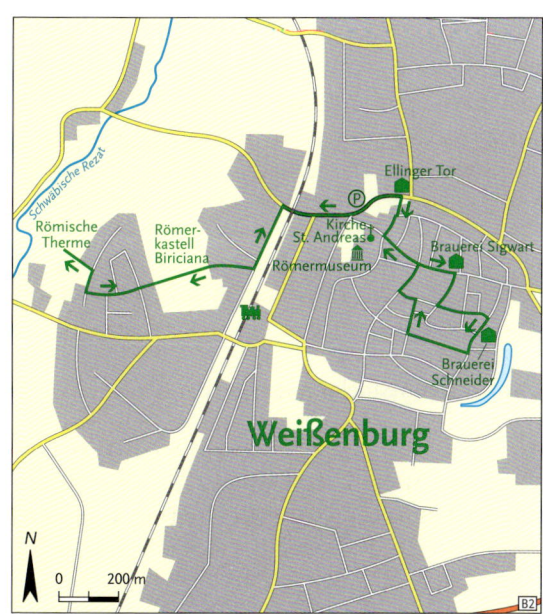

komplett mit halbrunden Tortürmen, angeschüttetem Wall und Treppe zum Wehrgang. So kann man heute auf der großen Freifläche inmitten des Wohngebiets sehr schön rasten und picknicken – die Kinder mögen in der Zwischenzeit das Tor erstürmen.

Der einzige heute noch sichtbare Teil der Zivilsiedlung (vicus) sind die Thermen, die öffentliche antike Badeanstalt. Wir erreichen sie, indem wir die Kastellanlage durchqueren und dem »Bärenbühl« folgen. Bald quert die Straße »Am Römerbad«, die Thermen liegen rechts. Unter einer großen, zeltartigen Dachkonstruktion sehen wir die teilweise rekonstruierten Reste eines in mehreren Phasen entstandenen, ausgefeilten Bauwerks, bei dessen Verwirklichung man geschickt das einfallende Sonnenlicht (für das Raumklima) und die Hanglage (zum Wasserabfluss) ausnutzte. In der Blütezeit der Siedlung besaßen die Thermen eine 40 Meter lange Turnhalle, eine Dampfsauna und Badebereiche mit bemalten Wänden, deren Böden mit Solnhofener Kalkplatten belegt waren. Ein »Wellnessbereich«, in dem man gegen Eintritt den Badetag mit Körperreinigung, Massagen sowie Sport und Geselligkeit verbrachte. Im Tepidarium (Laubad) wurde sogar Mühle gespielt – die tönernen Spielsteine im Römermuseum beweisen es. Ein Schwimmbad im modernen Sinn gab es allerdings nicht. Die Wassertiefe in den Becken des Warmbads z. B. lag lediglich bei 40 Zentimetern. In einer Zeit, in der höchstens Angehörige der Oberschicht schwimmen konnten, waren die Weißenburger Thermen eher eine Einrichtung für den »Otto Normalrömer«. Doch auch hier sorgten Fußbodenheizung und Warmwasser für körperliches Wohlbefinden – und verschlangen einen Hektar Wald pro Jahr. Am besten erschließt man sich die Anlage auf dem Rundgang, dem man auf den Laufstegen im Uhrzeigersinn folgt.

Limes – Lager und Braten

Auf dem Rückweg zur Einkehr streifen wir noch ein wenig durch die Straßen und Gassen Weißenburgs. Die ehemalige Freie Reichsstadt hat einige malerische und attraktive Sehenswürdigkeiten zu bieten, wie z. B. das Ellinger Tor. Zwei sehr traditionelle Brauereigasthöfe stehen zur Wahl: Das *Bräustüberl Zur Kanne* der *Brauerei Schneider* in der Bachgasse ist bekannt für sein Märzen und pflegt im Keller ein eigenes kleines Brauereimuseum. Die Besichtigung ist zu den Öffnungszeiten der Gaststätte möglich.

Zu empfehlen ist auch die *Brauerei Sigwart,* die auf eine Brautradition von über 550 Jahren zurückblickt. Schön sitzt man schon im geräumigen Eingangsbereich des Hauses und auch die Gaststube wirkt mit Kachelofen und dunklem Holz gemütlich. Die Reise zu den Römern kann man hier bei einem Spanferkelschäuferla und einem »Limes-Lager-Bier« ausklingen lassen.

Martin Weirauch

Das Bier
Brauerei Schneider/Bräustüberl Zur Kanne, Bachgasse 15, 91781 Weißenburg, Tel. 0 91 41/38 44, www.schneider-bier.de, Di, Mi 17.30–24.00, Do–So 10.30–14.00, 17.30–24.00, Mo Ruhetag. Helles, Märzen, Pils, Weizen, »Das kleine Schwarze«, Kirchweih- und Bockbier (saisonal).
Sigwarts Bräustüberl, Luitpoldstraße 17, 91781 Weißenburg, Tel. 0 91 41/16 26, www.sigwarts-braeustueberl.de, tägl. ab 10.00, durchgehend warme Küche, Apr–Okt kein Ruhetag, Nov–März Di Ruhetag. Helles, Premium Pils, Spezialbier »Tradition 555«, Weizen, Festbier, Keller's, Limes-Lager.

> **Informationen:**
> Amt für Kultur und Touristik im Römermuseum, Martin-Luther-Platz 3, 591781 Weißenburg, Tel. 0 91 41/ 90 71 24, www.weißenburg.info, Museum März tägl. 10.00–12.30 und 14.00–17.00 Uhr, Apr–Ende der bayerischen Herbstferien tägl. 10.00–17.00, 24./25. Dez und Jan/Febr geschlossen.
> **Literatur:**
> Jäger: *Römisches Weißenburg.* Treuchtlingen/Berlin 2006 (im Museumsshop des Römermuseums erhältlich).
> **Karte:**
> Im Römermuseum ist ein Stadtplan erhältlich.

30 Südlich

Tour: Bequeme Tagestour am Südrand Frankens.
Länge: Ca. 14 km.
Dauer: Reine Gehzeit ca. 4,5 Stunden.
Familie: Für Kinder zu lang, ggf. als Radtourvariante geeignet.
Höhenunterschied: Ca. 60 m, kurzer steiler Anstieg hinter Wettelsheim.
Markierungen: »Altmühlradweg« und lokale Markierung »6«.
Saison: Frühjahr–Herbst (Öffnungszeiten des Kellers Mai–Sept).
Variante: Auch als (kurze) Radtour in ca. 1,5 Stunden machbar.
Anfahrt: *Kfz:* Über die B2 bis Treuchtlingen. *ÖPNV:* Mit der Regionalbahn R6 (Fahrradmitnahme möglich).

Dampflok und Wellenbad

Wir starten am Bahnhof in Treuchtlingen. Mit dem Gebäude im Rücken halten wir uns rechts und folgen der Bahnhofstraße, passieren die katholische Kirche und überqueren die Hauptstraße an der folgenden Kreuzung. Nach wenigen hundert Metern erblicken wir rechter Hand eine historische Dampflokomotive, die an Treuchtlingens Tradition als Bahndrehscheibe erinnert. Hier bietet sich auch die Gelegenheit, einen Schwenk nach rechts zu machen und das Treuchtlinger Schloss in Augenschein zu nehmen, das sich fast in Sichtweite hinter der Lok befindet. Das Gebäude stammt aus dem 16. Jahrhundert und ist gut erhalten bzw. restauriert. Allerdings entspricht die heutige Form nur teilweise der historischen, da das Schloss um 1800 stark verfallen war und im Laufe des 19. Jahrhunderts wiederholt umgebaut wurde. Es handelt sich um den Geburtsort des Grafen und späteren Marschalls Gottfried Heinrich zu Pappenheim, dem das Schiller'sche Zitat »Daran erkenne ich meine Pappenheimer« zugeschrieben wird. Heute beherbergt das Schloss das Informationszentrum Naturpark Altmühltal.

Unsere Tour setzen wir bei der ehemaligen Schnellzuglokomotive entlang der Bürgermeister-Döbler-Allee fort und erreichen alsbald das Thermalbad »Altmühltherme«. Wer rheumatische Beschwerden in Knochen oder Gelenken hat, kann hier auf Linderung hoffen, aber zum Ausruhen ist es noch etwas zu früh. Ziemlich auf der Höhe des Eingangs weist uns der »Altmühlradweg« in eine Seitenstraße nach links, die rechts am Kurpark entlangführt. Die Grünanlage ist wenig spektakulär, sodass man getrost auf dem Asphalt weitergehen kann. Nach und nach endet die Bebauung, rechts beginnt eine Gartenkolonie, während das Stadtgebiet langsam, aber sicher endet. Wir überqueren eine alte Steinbrücke und halten uns danach links. Auf einem schmalen Wirtschaftsweg folgen wir brav der Radwegmarkierung. Kurz darauf, bei einer T-Kreuzung, gehen wir rechts und bei der folgenden Gabelung links. Wir sind nun auf einem unbefestigten Feldweg. Bei der nächsten T-Kreuzung halten wir uns abermals links und überqueren kurz darauf eine Holzbrücke, dann knickt der Weg rechts ab. Zwischen einzelnen Häusern und Wiesen geht es nun in nördlicher Richtung vorwärts, bis wir auf einen Bach treffen. Hier geht es im 90-Grad-Winkel nach links auf eine Brücke zu. Wir kommen auf eine Ortsverbindungsstraße, die wir zum Überqueren des

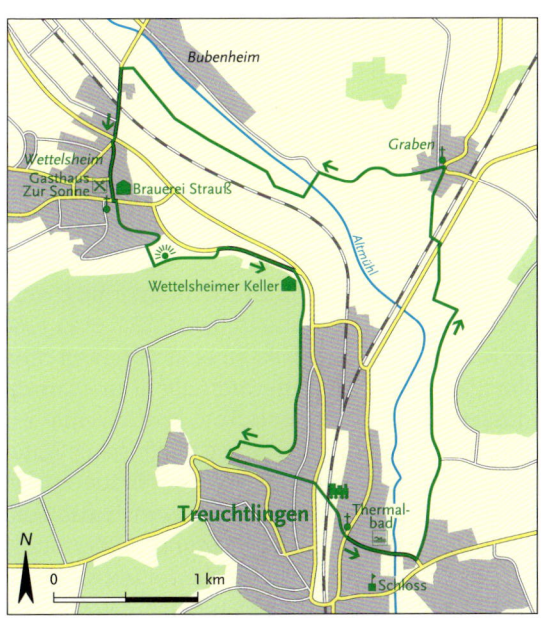

Baches benutzen. Danach weist uns die Markierung wieder nach rechts in den Grund hinunter. Wir vollziehen eine U-Wendung und unterqueren zuerst die Auto- und dann auch die Eisenbahnbrücke. Nun sind wir wieder auf einem geschotterten Radweg, der alsbald rechts abknickt. Nach knapp 500 Metern kommen wir auf eine alte Ortsverbindungsstraße, linker Hand beginnt sogleich das Dorf »Graben«.

Fossa Carolina

Wir erreichen den Ortskern an der Dorfkirche. Das Dorf hat seinen Namen vom frühmittelalterlichen Versuch Karls des Großen, eine Verbindung zwischen der Donau und dem Main zu schaffen, genauer, zwischen der Schwäbischen Rezat und der Altmühl, um damit (wie mittlerweile gelungen) eine direkte Verbindung zwischen der Nordsee und dem Schwarzen Meer herzustellen. Hier befand sich der etwa drei Kilometer lange Kanal, was an großen Erdwällen und Bodenaushebungen noch heute zu sehen ist. Obwohl die Verbindung im Jahr 793 glückte, wurde sie bald wieder aufgegeben, weil die Überwindung der Wasserscheide ohne die heute bekannten Schleusen zu mühsam war. Eine Ausstellung, die das Bauvorhaben des »Karlsgrabens« rekonstruiert, ist in der sogenannten »Hüttinger-Scheune« untergebracht und kann täglich außer Dienstag von 14.00 bis 17.00 Uhr besichtigt werden. Die Scheune erreicht man, wenn man an der Hauptstraße wenige hundert Meter nach rechts geht. Unsere Tour dagegen müssen wir nach links fortsetzen.

Wir verlassen Graben auf der Bubenheimer Straße und folgen weiter dem Altmühlradweg. Auf der kaum befahrenen alten Straße wandern wir an einem Sportplatz vorbei, zwischen Feldern und Wiesen hindurch, bis nach etwa einem Kilometer die Markierung nach links in einen Feldweg hinein weist. Wir überqueren die Altmühl und halten uns danach rechts. Nun müssen wir etwas ereignisarme eindreiviertel Kilometer überwinden, was aber angesichts so historischer Stationen wie dem Karlsgraben oder der Wettelsheimer Brauerei, die noch vor uns liegt, zumutbar erscheint. Nachdem wir also dem Wirtschaftsweg stur in nordwestliche Richtung gefolgt sind, erreichen wir die Verbindungsstraße zwischen Buben- und Wettelsheim. Hier gehen wir links und passieren das Ortsschild sowie die

Nicht für die Kehle, sondern für die Seele: die Dorfkirche von Wettelsheim.

Bahnlinie. Wir folgen der abknickenden Vorfahrtsstraße (»An der Rohrach«) nach links und gehen nun auf den schmucken Ortskern von Wettelsheim zu. Unser Weg wird von einem offenen Bachlauf und Häusern mit stumpfen Giebeln gesäumt, an denen wir erkennen, dass wir uns schon weit im Süden von Franken befinden. Links ist die *Brauerei Strauß* unübersehbar. Leider verfügt sie über keine eigene Gaststätte mehr, sodass wir unseren Durst entweder im *Gasthof Zur Sonne* stillen oder bis zum *Wettelsheimer Keller* zügeln müssen, der noch gute zwei Kilometer vor uns liegt (oder als dritte Variante beide Adressen aufsuchen). Interessierte können noch einen Blick in die Dorfkirche werfen, die 1756 vom markgräflichen Baumeister Johann David Steingruber errichtet wurde. Besonderheit des »Markgrafenstils« ist die Anordnung von Altar, Kanzel und Orgel übereinander.

Zum Keller

Die Tour setzen wir dann an der Kreuzung beim *Gasthof Zur Sonne* fort. Ab sofort ist die lokale Markierung »6« (auf blaugelbem Grund) für uns maßgeblich. Wir gehen daher geradeaus den Friedhofsweg hinauf, nach 100 Metern links und sogleich wieder rechts, immer noch bergauf. Wir erreichen dann am Ortsrand eine T-Kreuzung. Hier halten wir uns links und sofort wieder rechts, wo ein Feldweg weiter mittelsteil ansteigt. Den höchsten Punkt erreichen wir schließlich am Waldrand, wo eine kurze Rast nicht nur zum Verschnaufen, sondern auch zum Ausblick über Wettelsheim und das Fränkische Seenland einlädt. Weiter geht es links am Waldrand entlang, bis der Weg einen Knick nach links macht. Wer mit dem Fahrrad unterwegs ist, sollte nach unten auf die Teerstraße fahren und sich dann rechts halten, Wanderer gehen mehr oder weniger geradeaus (oder halbrechts) in den Wald hinein, die Markierung ist hier gut versteckt. Etwa 500 Meter weiter treffen Rad- und Wanderroute an der Teerstraße wieder aufeinander. Noch ein paar Schritte, und wir haben den *Wettelsheimer Keller* erreicht. Hier wird nun der ersehnte Brauereiausschank betrieben, neben dem Wettelsheimer Bier zum rustikalen Preis gibt es ebenso rustikale Nahrung, sodass wir für die letzte Etappe unserer Tour gut gestärkt sind.

Hinter dem Keller geht ein Forstweg nach rechts bergauf in den Laubwald hinein. Wir wandern nun etwa einen Kilometer am Waldrand entlang, linker Hand werden die ersten Häuser von Treuchtlingen sichtbar. Wir beschreiben dann einen weitläufigen rechten Bogen, bis der Weg wieder abfällt und wir uns an einer Haarnadelkurve wiederfinden. Dieser folgen wir nach links und kommen auf eine geteerte Straße, die uns durch ein Wohngebiet führt. Etwa einen halben Kilometer laufen wir nun bergab, bis wir auf die Hauptstraße (Ansbacher Straße) treffen. Vor uns liegt nun auch der Bahnhof. Um ihn zu erreichen, müssen wir uns kurz rechts halten und dann links unter den Gleisen durch. Wir kommen an der katholischen Kirche wieder ans Tageslicht und können entweder gleich zurück zum Bahnhof oder die mittlerweile strapazierten Knochen doch noch einer Kur im Thermalbad unterziehen.

Veit Bronnenmeyer

Das Bier:
Brauerei Strauß, An der Rohrach 17, 91757 Treuchtlingen-Wettelsheim, Tel. 0 91 42/83 89, www.wettelsheimer-bier.de.
Wettelsheimer Keller, Treuchtlinger Straße 26, 91757 Treuchtlingen-Wettelsheim, Tel. 0 91 42/77 40, www.wettelsheimerkeller.de, Mai–Sept Do–So ab 10.00, Juli und Aug auch Mo–Mi ab 16.00. Mit dem süffigen Hellen kann man nichts falsch machen; wer es etwas würziger mag, dem sei das Märzen empfohlen.
In Wettelsheim selbst bekommt man das Bier z. B. im
Gasthof Zur Sonne, An der Rohrach 35, 91757 Treuchtlingen-Wettelsheim, Tel. 0 91 42/85 83, www.gasthof-zur-sonne.com, Mi–Fr ab 16.00, Sa ab 15.00, So ab Mittag, Mo, Di Ruhetag.

Informationen:
Kur- und Touristinformation Treuchtlingen, Heinrich-Aurnhammer-Straße 3. 91757 Treuchtlingen, Tel. 0 91 42/9600-60, www.treuchtlingen.de.
Informationszentrum Naturpark Altmühltal (Kontaktdaten s. o.,), Apr–Okt Mo–Fr 9.00–12.00 und 13.00–18.00, Sa 9.00–12.00 und 14.00–17.00, So, Fei geschlossen, Nov–März Mo–Fr 9.00–12.00 und 14.00–17.00, So, Fei geschlossen. Dauerausstellung zur Siedlungsgeschichte des oberen Altmühltales und zur Erdgeschichte der Region.

Extras:
Altmühltherme Treuchtlingen, Bürgermeister-Döbler-Allee 12 , 91757 Treuchtlingen, Tel. 0 91 42/96 02-0, www.altmuehltherme.de; Sa–Mo 9.00–20.00, Di–Do 9.00–21.00, Fr 9.00–22.00. Thermalbad, Wellenbad, Totes-Meer-Salzgrotte und Saunalandschaft.

Karte:
Naturpark Altmühltal – Westlicher Teil, Karte UK 50-23 des Bayerischen Landesamtes für Vermessung und Geoinformation.

Die Autoren

Veit Bronnenmeyer wurde 1973 in der »heimlichen« Bierhauptstadt Kulmbach geboren. Er wuchs in Lauf bei Nürnberg auf und studierte nach Abitur, Zivildienst und Schreinerlehre Sozialwesen in der »unheimlichen« Bierhauptstadt Bamberg. Zurzeit ist er als Projektmanager beim Schul- und Bildungsreferat der Stadt Fürth tätig, wo er auch lebt. Im Nebenberuf ist Veit Bronnenmeyer freier Schriftsteller. Als Ausgleich schätzt er Wanderungen und Radtouren durch die fränkische Heimat und vor allem die anschließende Einkehr in einer authentischen Gastronomie. Er ist Koautor von *Der Ausflugs-Verführer Bierfranken*, Band 1. Auch seine Kriminalromane *Russische Seelen*, *Zerfall* und *Stadtgrenze* erschienen im *ars vivendi verlag*.

Reinhard Weirauch verdient seine Schäufele als professioneller Verfasser von Sachtexten und als Mitarbeiter des Stadttheaters Fürth. Zum Bier kam er als Freund des Wanderns durch Durst bei warmem Wetter. Aus Franken traut er sich gelegentlich hinaus, freut sich aber immer schon wieder auf die Rückkehr. Er ist Koautor von *Badeseen in Mittelfranken*, *Der Ausflugs-Verführer Fränkische Schweiz*, *Jakobswege in Franken* und *Der Ausflugs-Verführer Bierfranken*, Band 1.

Martin Weirauch wurde in Nürnberg geboren und verbrachte seine Jugend ganz in der Nähe. Er studierte Geschichte, Germanistik und Anglistik in Bamberg und London. Derzeit lebt er in Landshut, wo er an der örtlichen Berufsoberschule im Nebenfach fränkische Lebensart unterrichtet. Seine ganze Sympathie gilt den Menschen in Niederbayern. Bernsteinfarbene Kellerbiere sind dort allerdings ungefähr so selten wie Axolotl im Lillachtal.

Register

A
Aisch (Fluss) 128
Aischgrund 56
Aischgründer Bierstraße 56
Aktien-Katakomben 70-73
Altendorf 76
Altmühl 174, 198
Altmühlbad 177-178
Altmühltal 185, 196, 201
Altmühltherme 197, 201
Ampferbach 57, 92, 94-95, 97
Armeemuseum Friedrich der Große 30
Arnsberg (siehe Veitsberg) 33-35
Arnstein 47
Aufseß 57, 92
Aufseßtal 57
Aurach (Fluss) 128, 132

B
Bad Windsheim 56
Bamberg 13, 16, 26, 28, 34, 51, 56-57, 59, 75, 79, 81, 85, 87, 90, 92-94, 96, 153
Baunach 40, 43, 50, 54, 58-60, 62
Baunach (Fluss) 50
Bayerisches Brauerei- und Bäckereimuseum Kulmbach 57
Bayreuth 26, 57, 63-74, 153
Beerbach 155
Bergen 186
Bierweg in der Bierecke Steigerwald 56, 92
Bräustüberl Zur Kanne (s. auch Schneider) 194-195
Brauerei/Brauereigasthof/ Braucreigaststätte/Brauhaus/ Brauereikeller
  's Antla 17-18, 153
  Becher Bräu 67, 70, 72
  Bierkeller Pretzfeld 121
  Bürgerbräu Schinner (siehe auch Schinner-Braustuben) 65, 72, 153
  Drei Kronen 82, 85
  Dremel 48-49
  Eichhorn/Schwarzer Adler 58, 61-62
  Enzensteiner 141, 145
  Fischer 42-43
  Först 103, 106-107
  Friedmann (siehe auch Friedmanns Bräustüberl) 56, 125-126
  Geyer 130-131, 133
  Glenk 70, 72
  Göller 83, 85
  Gradl 114-115
  Griess(-Keller) 89-91
  Haag 153, 167, 171-173
  Herold 111, 115
  Herrmann (siehe auch Herrmann-Keller) 94, 97
  Höhn 82, 85
  Hofmann 56
  Hübner 48-49
  Hummel(keller) 83, 86
  Kaiser 94, 97
  Kaiserhof-Bräu 14, 18
  Kathi-Bräu 57
  Kraus 79-80
  Krug 90-91

Leicht 35-37
Lindenbräu 56, 124-126
Löwenbräu 78-79
Maisel (siehe auch Herzogkeller) 69-70, 73
Mann's Bräu 67, 69, 72
Martin 36-37
Nikl-Bräu 120-121, 153
Pürner 139-140
Reichold, Hochstahl 57
Reindler 175, 177-178
Ritter(stub'n) 185, 189-190
Rothenbach 57
Sauer (Gunzendorf) 103, 107
Sauer (Roßdorf) 88-89, 91
Schanzenbräu 154
Schinner(-Braustuben) (siehe auch Bürgerbräu Schinner) 65, 72, 153
Schneider (siehe auch Bräustüberl Zur Kanne) 194-195
Schroll 52, 54
Schwan, Burgebrach 92-93, 97-98
Schwanenbräu, Ebermannstadt (siehe auch Zum Schwan) 33, 36-37
Schwarzer Adler/Eichhorn 58, 61-62
Seelmann-Bräu 98, 100, 102
Sippel 54, 60, 62
Sonne (Ebermannstadt) 120
Sonnenbräu (Mürsbach) 42-43
Stadter 57
Strauß 199, 201
Wagner 84, 86
Wernsdörfer »Zum Lips« 100, 102
Wiethaler 156, 159
Will 48
Zehendner 95, 101-102
Zum Goldenen Adler 43
Zum Grünen Baum 20, 24
Zum Löwen 60
Zum Schwan (siehe auch Schwanenbräu Ebensfeld) 33, 36-37

Brauereienweg Aufseß 57
Brauereimuseum, Gräfenberg 122, 124
Buch 130
Buchau 113
Büchenbach b Pegnitz 111, 115
Burgebrach 57, 92-94, 96-98, 102
Burg Hoheneck 56
Buttenheim 75, 78-80

D

Deutsches Hirtenmuseum 161-162, 164, 166
Deutsches Freimaurermuseum 66, 73
Deutsches Zinnfigurenmuseum 30, 32
Dippach (Schloss) 22
Dörfleins 58, 60-62
Dorfhaus 123

Dorgendorf 50, 53
Drosendorf 81-82, 85
Drügendorf 103, 106-107

E

Ebensfeld 33, 36-38
Eberhardsberg 126, 128
Ebermannstadt 49, 107, 115-121
Egenhausen 170
Elch-Bräu 56, 153
Ellingen 179-184, 191
Eltersdorf 133
Enzenreuth 141-142 144-145
Enzenstein 141, 143-144
Eremitage Bayreuth 73
Erlangen 12, 68, 111, 128, 132
Ermershausen 22-23
Etzelwang 138-140

F

Falkendorf 132
Felsenkeller Roßdorf 88, 91
Felsenkeller Senftenberg 103-104, 107
Festung Rosenberg 12, 16, 19
Festung Rothenberg 141-142, 146
Flugpionier-Gustav-Weißkopf-Museum 174, 178
Fränkische Bierstraße 57
Fränkische Alb/Frankenalb 135, 140-142
Fränkische Galerie 15, 17, 19
Fränkische Schweiz 39, 49, 56-57, 89, 92, 111-112, 115, 156
Fränkisches Brauereimuseum Bamberg 57

Fränkisches Freilandmuseum 56
Frankendorf 104, 106
Franz-Liszt-Museum 66, 73
Freudeneck 42-43
Friedmanns Bräustüberl (s. auch Friedmann) 56, 125-126
Fünf-Seidla-Steig 56
Fürstliches Brauhaus Ellingen 180

G

Gasthaus Hallerschlösschen Nuschelberg 159-160
Gasthaus Schloßbräu 52, 54
Gasthaus Süß 130
Gasthaus Zum Hirschen 182
Gasthaus zum Lillachtal, 123
Gasthaus Zum Scharfen Eck 14-15
Gasthaus Zur Mittelbergwand 135
Gasthof Adelmann 156, 159
Gasthof Forelle Weihersmühle 46
Gasthof Neue Post 177-178
Gasthof Schloß Oedenberg (siehe auch Gasthof Zum Schloß) 157, 160
Gasthof Weißes Roß 150, 152
Gasthof Zum Goldenen Hirsch 135
Gasthof Zum Schloß (siehe auch Gasthof Schloß Oedenberg) 157, 160
Gasthof Zum Stern 21
Gasthof Zur Sonne 199-201
Geisfeld 62, 87, 90-91
Geyern 187-188

Glatzenstein 141-144
Götzendorf 103
Graben (mit Karlsgraben) 198
Gräfenberg 56, 109, 122, 124, 126-127, 156
Grasberg 147-148
Grasmannsdorf 93, 97
Großer Hansgörgl 141, 143
Großviehberg 163-164
Günthersbühl 155, 158-159
Gundelsheim 85
Gunzendorf 103, 107
Gutenstetten 56

H

Hagenbach (Fluss) 174, 176
Hallstadt 58-59, 62
Hartenfels 147, 150-151
Haßberge 8, 24
Haßlach (Fluss) 12
Hauptendorf 132
Hauptsmoorwald 87-88, 90
Heckenhof 57
Heidenknock 47
Herrmann-Keller (siehe auch Herrmann) 95, 97
Hersbruck 161-166
Hersbrucker Schweiz 158, 161
Herzogenaurach 132
Herzogkeller (siehe auch Maisel) 70, 73
Hinterhof 144
Hirschaid 75-76, 79-80
Hirschbach 135-136
Historische Parkanlage Bayreuth 67, 74
Hochstahl 57
Höheberg 103-105

Hohenschwärz 56
Hohe Zant (siehe Zantberg) 147-148, 150-152
Holnstein 147, 150, 152 (Schloss)
Hotel-Gasthof Wilde Rose 153
Hotel Residenzschloss 68
Hotel-Restaurant Schwanenbräu 121
Hotel und Gaststätte Römischer Kaiser 182
Hubertusstein 51
Hüttenwirtschaft auf der Hohen Zant 148, 151-152

I

Imbiss zum Fass (mit Heimatmuseum) 23
Itz (Fluss) 39-40, 42, 50

J

Jochsberg 174-175, 178
Judenberg 117

K

Kaltenthal 114-115
Kastell Biriciana 191-193
Kautschenberg 103, 106
Kellbach (Fluss) 33
Kemmathen 124
Kirchenreinbach 136-138
Kirchensittenbach b Hersbruck 165
Kleedorf 161-162, 164-166
Kleine Gründlach (Fluss) 158
Kleiner Kulm 112
Kleinziegenfeld 45, 47-48
Kleinziegenfelder Tal 44, 47

Konditorei Händel 68
Kosbach 128-129
Kreuzberg 59
Kriegenbrunn 132-133
Kronach 12-19, 153
Krumbach 101
Kulmbach 26-32, 57, 154
Kulmbacher Kommunbräu 27, 31-32, 154

L

Landschaftsmuseum Obermain 30, 32
Langer First 176
Laubend 84
Lauf 159-160
Lauterbach (Fluss) 60
Lehm 114
Leups 111, 114-115
Leutershausen 174, 177-178
Levi-Strauss-Museum 75-78, 80
Lillach (Fluss) 123-124
Lillachtal 122-127
Lilling 124
Limes (b Weißenburg) 191-192, 193
Lisberg 57, 92

M

Main 34, 39-40, 50, 58, 60
Main-Donau-Kanal 75, 128, 133
Maisel's Brauerei- und Büttnerei-Museum 57, 70, 73
Maroldsweisach 23-25
Max-Bräu 95, 97
Max-Keller (siehe auch Max-Bräu) 95, 97

Memmelsdorf 82, 85-86
Merkendorf 62, 81, 83, 86
Metzgereigasthof Lehmeier 189
Mistelbach (Fluss) 69-71
Mittelmembach 130
Mittelreinbach 147-148
Mittlere Ebrach (Fluss) 93, 99, 101
Mönchsambach 95, 97-102
Mönchssee 60
Moritzberg 142, 157
Münchaurach 132
Münchsteinach 56
Mürsbach 39-43

N

Naturerlebnispfad Hallstadt 58
Nennslingen 185-186, 189-190
Neues Schloss (Bayreuth) 66-67, 72-74
Neukirchen b Sulzbach-Rosenberg 140, 147, 150-152
Neunhof 155-156, 159
Neustadt/Aisch 56
Nürnberg 12, 20, 26, 56, 68, 118, 133, 136, 142, 154-157, 159, 163
Nuschelberg 158-160

O

Oberdachstetten 153, 167, 171-173
Oberes Maintal 33, 35
Obermembach 130
Obernzenner See 167-168
Obernzenn 168-170, 173

Blaues und Rotes
   Schloss 169, 173
Oberreichenbach 130, 133
Ochsenkopf 156
Oedenberg 155-157, 160
Operncafé 64

P
Pahres 56
Pegnitz 111, 115
Pferdsfeld 33-35, 37
Plassenburg 26, 29-30, 32
Pöppelecke 61
Pretzfeld (Kirschenfest) 116-121, 153
Pretzfelder Kellerwald 116
Priegendorf 50, 53
Priesendorf 92

R
Rattelsdorf 39-40, 43
Rauhe Ebrach (Fluss) 93-94, 99-100
Reckendorf 50-54
Regnitz (Fluss) 133
Residenz Ellingen 183-184
Richard-Wagner-Museum –
   Villa Wahnfried 65-66, 73
Römermuseum 191, 194-195
Römische Thermen 191, 193-194
Roßdorf 87-88, 91
Ruine Hauseck 136
Ruine Rupprechtstein 138
Ruine Stiefenberg 50
Ruine Wartberg 112
Ruine Windeck 96

S

Sachsendorf 57
Schanzenbräu Schankwirtschaft, Nürnberg 154
Schenkenau 40
Schlossbräustübl 180, 184
Schlossbrauerei Reckendorf 51, 54
Schloss Birkenfeld 21, 23
Schloss Syburg 186, 188
Schloss und Park Seehof 81-82, 84, 86
Schlüsselstein 118
Schnaittach 141-142, 144-145
Schönbrunn 92, 98, 100, 102
Schrepfersmühle 46
Schwäbische Rezat (Fluss) 198
Schwanenkeller (siehe auch Schwan) 96
Seigendorf 79
Senftenberg 103-104, 107
Siegersdorf 141-142
Sigwarts Bräustüberl 195
Staatliche Museen Plassenburg mit Armeemuseum Friedrich der Große 30, 32
Stadelhofen/Schederndorf 48
Staffelberg 33-34, 36, 60-61
Steigerwald 56, 92-102
Steinbach 149
Steinbach (Fluss) 174, 176
Steinbächlein 176
St.-Anna-Kapelle 98, 100
St. Georgenbräu Bräustübla 77, 79
Sträublingshof 34
Strullendorf 75, 88, 91

T

Tauchersreuth 155-156, 158-159
Teufelstisch 122, 125
Thuisbrunn 56, 153
Tiefenlesau 57
Treuchtlingen 196, 200-201
Trubach 116
Tuchersteig 156

U

Uehlfeld 56
Untermembach 129
Unterneuses 33, 36-37
Unterreichenbach 130
Urphertshofen 168, 171

V

Veitsberg (siehe Arnsberg) 33-35
Vorra 134-135

W

Wattendorf 48-49
Weihersmühle 46
Weisbrunn 57, 92
Weismain 49
Weismain (Fluss) 45-46
Weißenburg 191–195
Weißenburger Jura 185–190
Weißenohe 56, 108-110, 122, 126-127
Wettelsheim 196, 198-201
Wettelsheimer Keller 199-201
Wiesent (Fluss) 39, 116
Wirtshaus Klosterbrauerei Weißenohe 126
Wolfsbach 99

Z

Zantberg (siehe auch Hohe Zant) 147-148, 151-152
Zeilberg 20, 25
Zettmannsdorf 98, 100, 102
Zückshut 85
Zum Alten Schloß 165-166

Die Brauereien, Brauereigasthöfe, -häuser und -keller:

A
's Antla, Kronach 17-18, 153

B
Becher Bräu, Bayreuth 67, 70, 72
Bierkeller Pretzfeld 121
Bräustüberl Zur Kanne
 (siehe auch Schneider), Weißenburg 194-195
Bürgerbräu Schinner (siehe auch Schinner-Braustuben),
 Bayreuth 65, 72, 153

D
Drei Kronen, Memmelsdorf 82, 85-86
Dremel, Wattendorf 48-49

E
Eichhorn (siehe auch Schwarzer Adler), Dörfleins 58, 61-62
Elch-Bräu, Thuisbrunn 56, 153
Enzensteiner, Schnaittach-Enzenreuth 141, 145

F
Felsenkeller, Roßdorf 88, 91
Felsenkeller Senftenberg, Senftenberg 103-104, 107
Fischer, Rattelsdorf-Freudeneck 42-43
Först, Drügendorf 103, 106-107
Friedmann(s Bräustüberl), Gräfenberg 56, 125-126
Fürstliches Brauhaus Ellingen 180

G
Geyer, Obereichenbach 130-133
Glenk, Bayreuth 70, 72
Göller, Drosendorf 83, 85
Gradl, Leups 114-115
Griess(-Keller), Geisfeld 89-91

H
Haag, Oberdachstetten 153, 167, 171-173
Hallerschlösschen Nuschelberg, Nuschelberg 159-160
Herold, Büchenbach b Pegnitz 111, 115
Herrmann/Herrmann-Keller), Ampferbach 94-97
Herzogkeller (siehe auch Maisel), Bayreuth 70, 73

Höhn, Memmelsdorf 82, 85
Hofmann, Gräfenberg-Hohenschwärz 56
Hotel Residenzschloss, Bayreuth 68
Hübner, Wattendorf 48-49
Hüttenwirtschaft auf der Hohen Zant 148, 151-152
Hummel(keller), Merkendorf 83, 86

K

Kaiser, Grasmannsdorf 94, 97
Kaiserhof-Bräu, Kronach 14, 19
Kathi-Bräu, Heckenhof 57
Klosterbrauerei Weißenohe 56, 126
Kraus, Hirschaid 79-80
Krug, Geisfeld 90-91
Kulmbacher Kommunbräu 27, 31-32, 154

L

Leicht, Ebensfeld 35-37
Lindenbräu, Gräfenberg 56, 124-126
Löwenbräu, Buttenheim 78-79

M

Maisel (siehe auch Herzogkeller), Bayreuth 69-70, 73
Mann's Bräu, Bayreuth 67, 69, 72
Martin, Ebensfeld-Unterneuses 36-37
Max-Bräu (siehe auch Max-Keller), Ampferbach 95, 97
Max-Keller (siehe auch Max-Bräu), Ampferbach 95, 97

N

Nikl-Bräu, Pretzfeld 120-121, 153

P

Pürner, Etzelwang 139-140

R

Reichold, Hochstahl 57
Reindler, Jochsberg 175, 177-178
Ritter(stub'n), Nennslingen 185, 189-190
Rothenbach, Aufseß 57

S

Sauer, Gunzendorf 103, 107
Sauer, Roßdorf 88-89, 91
Schanzenbräu, Nürnberg 154

Schinner(-Braustuben) (siehe auch Bürgerbräu Schinner),
  Bayreuth 65, 72, 153
Schloß Oedenberg (siehe auch Zum Schloß), Oedenberg 157, 160
Schloßbräu, Reckendorf 52, 54
Schlossbräustübl, Ellingen 180
Schlossbrauerei Reckendorf 51, 54
Schneider (siehe auch Bräustüberl Zur Kanne), Weißenburg
  194-195
Schroll, Reckendorf 52, 54
Schwan, Burgebrach 92-93, 97-98
Schwanenbräu (siehe auch Zum Schwan), Ebensfeld 33, 36-37
Schwanenbräu, Ebermannstadt 121
Schwanenkeller (siehe auch Schwan), Burgebrach 96-97
Schwarzer Adler (siehe auch Eichhorn), Dörfleins 58, 61-62
Seelmann-Bräu, Zettmannsdorf 98, 100, 102
Sigwarts Bräustüberl, Weißenburg 195
Sippel, Baunach 54, 60, 62
Sonne, Ebermannstadt 120-121
Sonnenbräu, Mürsbach 42-43
Stadter, Sachsendorf 57
St. Georgenbräu Bräustübla, Buttenheim 78, 80
Strauß, Wettelsheim 199, 201

W

Wagner, Merkendorf 84, 86
Weißes Roß, Holnstein 150, 152
Wernsdörfer »Zum Lips«, Schönbrunn 100, 102
Wettelsheimer Keller 199-201
Wiethaler, Neunhof 156, 159
Will, Stadelhofen/Schederndorf 48
Wilde-Rose-Bräu, Bamberg 153

Z

Zehendner, Mönchsambach 95, 101-102
Zum Alten Schloß, Kleedorf 165
Zum Schloß (siehe auch Schloß Oedenberg), Oedenberg 157, 160
Zum Goldenen Adler, Rattelsdorf 43
Zum Goldenen Hirsch, Hirschbach 135
Zum Grünen Baum, Maroldsweisach 20, 24
Zum Löwen, Baunach 60
Zum Schwan (siehe auch Schwanenbräu), Ebensfeld 33, 36-37
Zur Sonne, Wettelsheim 199-201

Biergenuss in Franken

▷ Wussten Sie, dass Franken die größte Brauereidichte der Welt hat? Beim Gedanken an Keller- und Lagerbier, an Märzen und Ungespundetes aus kleinen privaten Betrieben läuft dem Bierliebhaber das Wasser im Mund zusammen. Selbst Exoten wie das Vollmondbier, Räuschla oder Bambergator verlocken zum Probieren. Und da ein Bier nach einer Wanderung oder einer Radtour am besten mundet, serviert dieses Buch 30 sorgfältig recherchierte Genießer-Ausflüge mit ...

- ausführlichen Tourenbeschreibungen
- Detail- und Übersichtskarten
- interessanten Exkursen
- Einkehrtipps
- Bierempfehlungen
- Informationen zu Brauereien, Brauereigasthöfen und Brauereikellern

V. Bronnenmeyer · R. Weirauch
Der Ausflugs-Verführer
Bierfranken 1
Broschur, 192 Seiten
ISBN 978-3-89716-811-4

In den Weinbergen

▷ Grüne Weinberge, beschauliche Winzerstädtchen, urige Heckenwirtschaften, traditionsreiche Weingüter – die Weingegenden Unter-, Ober- und Mittelfrankens sind ideal geeignet, um abwechslungsreiche Wander- und Radtouren mit dem Genuss regionaler Spezialitäten zu verbinden. *Der Ausflugs-Verführer Weinfranken* serviert 30 sorgfältig recherchierte Genießer-Ausflüge mit ...

- ausführlichen Tourenbeschreibungen
- Detail- und Übersichtskarten
- Einkehrtipps
- speziellen Weinempfehlungen
- Informationen zu Weinfesten, Weinproben und Weinverkäufen

J. Castner · T. Castner
Der Ausflugs-Verführer Weinfranken
Klappenbroschur
192 Seiten
ISBN 978-3-89716-515-1